中日绿色旅游发展模式研究

方琳——著

浙江工商大学出版社
ZHEJIANG GONGSHANG UNIVERSITY PRESS
·杭州·

图书在版编目(CIP)数据

中日绿色旅游发展模式研究 / 方琳著. —杭州：浙江工商大学出版社，2023.2(2024.6重印)

ISBN 978-7-5178-5057-1

Ⅰ. ①中… Ⅱ. ①方… Ⅲ. ①乡村旅游—旅游业发展—对比研究—中国、日本 Ⅳ. ①F592.3②F593.133

中国版本图书馆 CIP 数据核字(2022)第139850号

中日绿色旅游发展模式研究

ZHONG-RI LÜSE LÜYOU FAZHAN MOSHI YANJIU

方 琳 著

策划编辑 王黎明
责任编辑 鲁燕青
责任校对 董文娟
封面设计 朱嘉怡
责任印制 包建辉
出版发行 浙江工商大学出版社
(杭州市教工路198号 邮政编码310012)
(E-mail:zjgsupress@163.com)
(网址:http://www.zjgsupress.com)
电话:0571-88904980,88831806(传真)
排　　版 杭州朝曦图文设计有限公司
印　　刷 杭州高腾印务有限公司
开　　本 710mm×1000mm 1/16
印　　张 12
字　　数 160千
版 印 次 2023年2月第1版 2024年6月第2次印刷
书　　号 ISBN 978-7-5178-5057-1
定　　价 48.00元

はしがき

グリーン・ツーリズムは、農業・農村の活性化、自然・景観・文化などの農業・農村の多面的機能の保全及び都市住民の余暇活動の実現など新たな郷村観光の一つとして各国で推進されている。グリーン・ツーリズムという概念は、最初にフランスにより提案され、従来の名所めぐり、人気リゾートへの観光旅行とは範疇的に異なり、緑豊かな自然、美しい景観の中での休養、自然観察、地域の伝統的・個性的文化との出会い、農村生活体験、農村の人々とのふれあいを求めることである。

中国のグリーン・ツーリズムは郷村観光が更に進行したものとして、農山村・都市双方からの社会的要請に応え、政府が農山村地域のインフラ整備、伝統的な文化の保存などを奨励し、農山村地域の生活環境を改善し、都市住民が農山村を訪れることで地域とその経済の活性化を促し、三農問題及び都市部の社会問題などに対応しようとしている。特に、近年、「生態文明」と「美しい中国」の建設政策や2018年の「全域観光推進会議報告書」などが見られる。多くの政策は、持続可能な開発を堅持し、グリーン・ツーリズムを精力的に推進している。しかし、郷村観光の急速な発展に伴い、盲目的な開発や不適切な利用などで、農村資源の破壊、浪費を引き起こしてきたことも少なくない。それゆえ、農村グリーン・ツーリズムは、農村部の持続可能な発展を実現するうえで極めて重要なものである。

日本のグリーン・ツーリズムは欧米よりやや遅れているが、全国総合開発計画における農山漁村の活性化の取り組みとして、農業政策、地域開発政策及び都市住民のレジャー意欲と深く結びついている。農村の持つ様々な資源、生活、文化的なストックなどを都市住民と農村住民との交流を通して生かしながら、地域活性化の推進に貢献していくことは日本のグリーン・ツーリズムの最も大きな特色といえるであろう。日本が中国と地理的、文化的近接性のあるため、日本の経験は中国にとってより参考になる。

方琳氏は日本に8年間留学し、教育と地域資源経済学を専攻していた。彼女の博士期間の研究方向は中日欧におけるグリーン・ツーリズムの比較に基づき、中国浙江省におけるグリーン・ツーリズム「農家楽」に関するものである。留学期間中、方琳氏は日本の郷村観光、グリーン・ツーリズムに関する多くの著作、研究論文、政策・規制などの文献をレビューし、北海道、岩手、宮城、青森、秋田、群馬などでのグリーン・ツーリズムの発展を現地調査した。そして、日本の郷村観光開発の特徴を踏まえ、経済発展レベルや自然景観が日本に近い浙江省を調査対象として選定し、中国のグリーン・ツーリズムの典型的なモデルである農家楽の現状と展望を比較研究した。

本書は、方琳氏の博士論文に基づいて修正して補足したものである。本書は、まず日本のグリーン・ツーリズムの発展過程と特徴を全面的に要約し、グリーン・ツーリズムの発展過程における制度的要因の重要性を強調した。著者は詳細な文献分析を行い、日本政府の推進と住民の積極的な協力、都市と農山漁村の交流がグリーン・ツーリズムの発展に重要な役割を果たしていることを明確にした。それに、群馬県川場村の「健康村」、大分県安心院の農泊などの実地調査を具体的に分析し、日本のグリーン・ツーリズムの特徴や開発経験を要約し、中国のグリーン・ツーリズムの発展に非常に参考になる資料であると思われる。

次に、本書は中国のグリーン・ツーリズムの発展過程を比較し、政府側の公的機関の長期的・計画的な支援、経営者側の地域・人的資源の活用及び接客としての認識、地域ぐるみの取り組み、利用者側の「農」に対する美意識の醸成と教育機関側の教育的要素の取り組みなど、改善策を提案した。観光開発は複雑な課題であるが、著者は、政府側と経営者側、利用者側、地域側、教育機関側の角度から、浙江省の農家楽を観光地農家楽と都市近郊農家楽、辺鄙農山村農家楽に分類し、農家楽の経営者と観光専門の学生を対象にインタビューやアンケート調査を行い、中国のグリーン・ツーリズムの発展の特徴と潜在的な問題を正確に把握し、具体的な改善策を提案した。

本書は、特に中国と日本のグリーン・ツーリズムの特徴や発展モデルなどの研究において、十分に検討し、明確な見解を持っている。本研究は、中国のグリーン・ツーリズムの学術研究と産業発展の促進に積極的な役割を果たすと確信している。

浙江旅游職業学院学長

2022年12月

目　次

第1章
序　論

第1節　研究の背景

ここ数年、日本でも、中国でも、「ルーラルツーリズム」「グリーン・ツーリズム」「農泊」などの言葉を、多く耳にするようになってきた。特に都市化の進展に伴い、日本でも中国でも農山漁村地域に行ってリラックスし、心の安らぎと満足感を得たいと、郷村観光に注目する人が増えてきた。農山漁村地域は観光資源が豊富であり、田舎の生態環境や文化資源に基づいて開発された観光活動は、農山村産業を促進させる重要な一部である。

中国共産党第19回全国代表大会における報告は、農村活性化戦略の実施を明確に打ち出しており、郷村観光の発展にかつてない新たなチャンスをもたらすことは間違いなく、郷村観光が農村活性化戦略の中でより大きな役割と責任を担うべきことも示唆している。郷村観光の発展は、農村のインフラ建設を完成させ、地域の文化財を継承し、農村の居住環境を改善し、雇用の機会を増やし、農民の収入を増やし、農民生活を豊かにするなどの重要な役割を果たしている。また、郷村観光は農村活性化戦略と「美しい村」建設の重要な手段や道でもある。

日本は郷村観光の発祥地の一つであり、世界でも有数の観光先進国でもある。コロナ感染症が流行する前、日本の郷村観光の経済効果はすでに日本観光産業の60%以上を占め、およそ1億2700万人以上(日本の総人数に匹敵)が様々な郷村観光を体験していた。それとともに、郷村観光に関連する交通、宿泊、文化、休暇、観光産業も速く発展しており、日本は世界の郷村観光発展のモデルであり、ベンチマークとなっている。中国と日本は地理的に近く、郷村観光の資源や文化的な点も似ているため、日本の郷村観光の経験を参考にすることは、中国の農村活性化戦略や「美しい村」の建設にとっても広範な意義を持つであろう。

一、日本における背景

日本では、郷村観光はグリーン・ツーリズムと呼ばれ、郷村地域に焦点を当て、都市と農山漁村との交流を促進することを目的としている。グリーン・ツーリズムの発展歴史が長い日本は地域独自の特色を生かした多様な形態のグリーン・ツーリズムを展開しており、非常に魅力的である。

日本のグリーン・ツーリズムが本格的に普及されるのは1992年である。バブル経済が崩壊し、農山漁村におけるリゾート開発が破綻し始め、農林水産省は「新しい食料・農業・農村政策の方向」において、始めてグリーン・ツーリズムの行政用語を用いた(宮崎 2002)。グリーン・ツーリズムの発展は都市・農村の連携に新たな局面を切り開いた。

1. 農業・農村が直面する問題の諸相

(1)安定的な食料供給への不安

戦後、日本は「日米相互防衛援助協定」に基づき、アメリカから小麦などの食料を大量輸入し、豆・飼料用グレインソルガムの輸入自由化によって、日本国内の畑作水田裏作が大きく後退した。そして、1970年代の輸入制限品目の大幅な削減は、国内農業生産の縮小・後退を余儀なくさせた。

さらには、牛肉・オレンジの輸入自由化(1988年)、GATT[1]ウルグアイ・ラウンド農業合意(1993年)、WTO[2]設立協定及びその附属協定(1995年)と続く農産物の輸入自由化路線のもとで、日本の生産農家[3]に大きな打撃をもたらした。農林水産省の発表によると、日本の食料自給率は1985年を境に大きく低下し、2020年では、42%と半減以上した、過去最低を記録した2018年と同水準に再び下がった。

(2)農産物価格と農業所得の低迷

米をはじめとして、政府が介入する農産物の価格は、いずれの品目とも著しい価格引き下げによっておよそ20～30年前の価格水準に押し下げられており、他の物価や労働賃金の推移と比較しても異常な数値であるが、その結果として、多くの農家は再生産のための最低限の保障となる生産費さえ補充できない状況に追い込まれている。

(3)縮減している農業の基礎資源(労働力・土地)

このような情勢のもとで、農家戸数も激減しており、2020年では約174.7万戸と1960年当時606万戸[4]から70%減少している。なかでも専業農家の減少が著しく、2018年の基幹農業従事者(主に仕事として農業に従事している者)は145万人で、65歳以上が全体の68%を占め、50歳未満は約10%と著しくアンバランスとなっている。一方で、新規就農者については、農家子弟以外からの新規参入や離職就農者の増加により、1990年以降若干増加の傾向にあるが、高齢化によって減少し続ける担い手を補うにはほど遠い状況である。

---

① GATT、General Agreement on Tariffs and Tradeの略。

② WTO、World Trade Organizationの略。

③「農家」とは、経営耕地面積が1000平方メートル以上又は農産物販売金額が15万円以上の世帯をいう。https://www.maff.go.jp/j/tokei/sihyo/data/07.html[2022-08-05]。

④ 農林水産省統計部。https://www.maff.go.jp/j/tokei/sihyo/data/07.html[2022-08-05]。

農業の基本的生産手段である農地についても、1960年当時607万平方メートルであった農地面積は、2020年は437万2000平方メートルへと約170万平方メートル減少している。また、実際に利用された農地量を示す作付延べ面積でも813平方メートルから442万平方メートルへと大幅に減少しており、したがって耕地利用率93.8%と後退している。さらに、農業物価格の低迷や高齢化などによる担い手不足を原因とする耕地放棄の進行も深刻である。農林業センサスによると、耕地放棄(主観ベース)の面積は2015年に42万3000平方メートルであり、2005年からの10年間に約3.8万平方メートル増加した。

日本は資源に乏しい国であるが、数億の人口を抱える日本にとって、確固たる農業・農村基盤は食料供給確保と社会安定維持の基本であり、十分かつ豊富な農業労働力は上記の目標を達成するための大切な手掛りである。したがって、いかに農業、農村の人材不足に対する不安を解消し、農村労働力の需給ギャップを効果的に埋めていくかが、日本が取り組むべき重要な課題となっている。

(4)加速する農山村域の衰退

日本の農山村地域の多くは過疎化が進行し、厳しい局面に追い込まれて久しいが、近年では「疎ら」どころが、「人が住まなくなった集落」や「近い将来人口ゼロになる可能性の高い集落」が増加しつつある。いまや、集落人口のうち半数以上が65歳以上の高齢者であり、共同体としての集落機能が失われつつある「限界集落」が珍しくない状況である。

そのもとで、農地などの地域資源の適正な維持・管理や農業生産の継続が危ぶまれるのみに留まらず、集落の存続さえ脅かされる事態が進行している。さらに、山林の荒廃や耕作放棄地・放任園が増加するのみならず自然災害や鳥獣被害も後を絶たず、農山村地域の衰退が一層加速している。もはや、農山村地域に居住する農家や住民だけでは地域を維持・管理することが困難となりつつあるのである。

以上示されるように、農業・農村が直面する厳しい現実こそが、農村サイトが「都市住民との連携」を模索する客観的条件であるといえるが、自然発生的にそのような動きが起こるわけではない。都市住民とともに農地を保全する取り組みや、安全・健康・生きがいなどのニーズに積極的に応えていく取り組みを通じてはじめ、農業・農村の持続的な発展に対する理解や合意を醸成することが可能となるのである。

また、中山間地域に位置する農業・農村においては、「待ったなし」の危機感を背景として、朝市・直売所の開催は言うに及ばず、農家・農村レストランの開設、棚田・果樹園などのオーナー制度の実施、体験教育旅行の受け皿としての農家民泊の導入、週末田舎暮らし志向に対応した滞在型市民農園の開設、農山村への移住促進の契機となるワーキングホリデーの導入など、日本固有の様々なグリーン・ツーリズムの取り組みが始まりつつある。重要なことは、これらの交流を積み重ねるにつれ、農産物直売所が実現した「顔の見える」都市・農村関係から一歩進み、農作業に汗を流し、農家で寝食を共にすることでしか得られない「暮らしとこころのみえる」関係が生まれつつある点である。

これら農山村地域における都市住民との連携に向けた取り組みは、時期や地域によってその目的や手法に違いがあるものの、地方自治体や農協などの既存組織に依存することなく、個々の農家の主体的・自主的な活動を基本としている。そして、多くの場合、それら農山村固有の地域資源の見直しや商品化を図ろうとする推進力は、農村の高齢者や農家の女性たちである。彼らは都市・農村連携の新たな局面に際し、農業に従事し、農村で生計を立て暮らすことの「価値」と「誇り」を取り戻しつつあるかのように思われる。

2. 都市住民が抱える問題の諸相

(1)食の安全・安心への不安

近年、日本では食の安全・安心をめぐる事件・事故が後を絶たない。例えば、2000年の遺伝子組み替え作物の食品への混入事件、2004年の輸入野菜の産地偽装事件、2007年の偽装表示・賞味期限の改ざんなど食品をめぐる不祥事多発等々、その結果、食の安全・安心に対する国民の関心はかつてなく高まっている。

また、各種のモニター調査の結果が示すように、食品購入時に「裏面の食品表示欄を見てから購入」という消費者の割合が一段と増加している。制度の普及・定着という点では歓迎すべきことではあろうか、一面では「誰もが安心して食品を購入することが困難である」という飽食社会のもとでの貧困の表れでもある。また、一方では、消費者意識に配慮し、食品製造業が国内の産地・生産者との契約取引による原料調達を模索し始めるなど、注目すべき動きも見られる。しかし、連日後を絶たない昨今の事件・事故の多くが、食品産業のモラルハザードに起因するものであるという現実を前に、今や食の安全・安心に対する消費者の不信感はピークに達しつつあるといえよう。

(2)都市と農村の不均衡な発展と深刻な環境問題

戦後の深刻な復興期に、日本は経済を発展させるために、工業化と都市化を全力で進め、農村地域の生態系に多大な圧力をかけてきた。大量の産業廃棄物が河川や港湾に排出され、自動車の排気ガスによる汚染は水源、土壌、大気を新たに圧迫している。高い経済指標は、住民の生活水準に向上できなかった。1950年代に、日本は環境被害の公害問題が顕れてきた。熊本県水俣町の水の長期的な餌食の近隣住民によって引き起こされる産業排水の恣意的な排出、生物の水銀中毒、三重県四日市市の喘息や他の病気によって引き起こされる産業公害型の大気汚染などの問題は日本各地で顕在化された。日本の行き過ぎた都市化は生態系のバランスを著しく損ない、自国の住民、さらには近隣諸国の住民の健康を危険にさらしている。

(3)「ローカリゼーション」回帰で高まるグリーン・ツーリズムの需要

1990年代、日本は完全な高齢化社会に突入し、高齢者人口が総人口の50%以上を占めるようになった。日本は高福祉の国であり、高齢者の多くは、時間や金銭的、健康的なニーズのある「トリプル高齢者」である。これを踏まえ、日本政府は「田舎の親戚」という宣伝文句を実施し、若い時田舎を離れた者や都市住民の故郷を懐かしむ年寄りを郷村に呼び寄せ、かつての郷村の伝統や文化を探し、再現することで、ホームシックや先祖への郷愁を送るようにした。この「ローカリゼーション」の需要は、日本のグリーン・ツーリズムの発展に大きく貢献してきた。

以上のように、都市と農村双方の動きが軌を一にしつつあるもとで、まさに「共生・対流」と呼ぶに相応しい新な農村再生の可能性が拡がっている。そして、その推進力としての役割を期待されているのが、「グリーン・ツーリズム」の発展である。現在の日本の農村地域はまだ多くの葛藤に直面しているが、グリーン・ツーリズムの発展は、農村地域の発展と観光産業の振興に大きな経済的な利益をある程度は果たしてき、ある程度で、都市と地方の発展の不均衡を緩和し、日本の農村地域を徐々に持続可能な産業へと向かっている。政府は農村の活性化を目標に掲げ、産業化の過程を通じて農村のインフラ整備を進めるとともに、情報技術の普及と応用によってグリーン・ツーリズムの消費者のニーズをも満たしている。

二、中国における背景

中国では、近年の経済発展に伴い、地域格差が大きな問題となっており、特に農業生産性の低さ、農村環境の悪化、農民の貧困という「三農問題」が注目されている。2003年以降、政府も農村の3つの問題を政策課題とし、それらに対応するための様々な政策を導入している。一方、都市部では、豊かになるにつれて、心の安らぎを求め、自然を楽しみたいという都市生活者のニーズも高まっている。その結果、中国では都市社会と農村社会の需要を背景に、グリーン・ツーリズムが活況を呈している。

1. 全国的な農村側の条件

1949年以来、中国の農村経済は、中国政府の指導のもとで、半世紀以上の変化と発展を遂げてきた。特に、中国共産党第11期中央委員会第3回全体会議(1978年)以降、社会主義市場経済の建設を目標とした改革開放政策の進展に伴い、中国の農村における経済制度や経営管理システムも変化・発展してきた。

本節では、中国の農業農村政策の展開を農村経営体制改革の初期、農村経済の全面的な発展期及び農村経済の全般的な深化期の3つの段階に区分し、整理を試みる。

(1)農村経営体制改革の初期(1978～1992年)

1978年12月、「思想を解放し、事実に基づいて真実を追究し、一致団結して、前に向かって進もう」という報告が発表され、都市と農村の経済体制改革の基本的な方針が打ち出された。農村経済の改革が進むにつれて、農村の生産力を発展させ、政策を緩和し、農民の生産意欲を結集させることが、この時期の改革の主要な目標となった。この目標を達成するため、政府は主に2つの方法で農村住民の経済所得を向上させようとしていた。即ち、農産物の購入価格を引き上げ、生産手段の価格を引き下げることと、農業生産に対する健全な責任体制を確立することである。その後、農民との関係をよりよく調和させるため、農村経済政策は農民の利益に有利な方向に傾き始めた。これは農民の生産性を大きく刺激するだけでなく、農村の生産性を大きく解放し、農村経済の爆発的な成長にもつながった(1982年から1992年までの主な農村経済政策は表1-1参照)。しかし、このような農村経済発展のモデルは、その後の発展において一定の限界も示された。例えば、農村経済発展に関する国の政策が絶えず調整されたため、農村経済の成長傾向が変動し、都市と農村の二重構造が形成されることと相まって、都市と農村の発展に徐々に障壁が生じ、都市住民と農村住民の所得格差が徐々に拡大していた。

表1-1　1982～1992年主な農村経済政策①

時間	文件の名称	政策の目標
1982年	「全国農村工作会議紀要」(《全国农村工作会议纪要》)	戸(家族)までの生産責任制を正式的に認められた
1983年	「現時点農村経済政策の若干問題」(《当前农村经济政策的若干问题》)	農村の工商業をアクティブにさせる
1984年	「1984年の農村工作の通知に関して」(《关于1984年农村工作的通知》)	農産品流通のシステム改革を推進させる
1985年	「農村経済をより進歩させる十項の政策に関して」(《关于进一步活跃农村经济的十项政策》)	統一買い付けと統一販売制度を取り消し、産業構造を調整する
1986年	「1986年農村工作の手配に関して」(《关于1986年农村工作的部署》)	農業への投入を増加、工業と農業、都市と農村の関係を調整する
1987年	「農村改革をより深く」(《把农村改革引向深入》)	農村経営責任システムの積極的な推進と管理システムの改革
1988年	「来年の豊作を掴む決定」(《关于夺取明年农业丰收的决定》)	農業の発展を加速させ、来年の豊作を取り込み、農産物・副産物の効果的な供給を増やす
1991年	「農業農村工作の更なる強化に関する決定」(《关于进一步加强农业和农村工作的决定》)	農業基盤を強化し、農村改革を深化させ、農村経済を発展させる
1992年	「高収量、高品質、高効率の農業開発に関する決定」(《关于发展高产优质高效农业的决定》)	高収量、高品質、高効率の農業を開発する

① 杜润生:《杜润生自述:中国农村体制变革重大决策纪实》,人民出版社2005年版,第275—289页。

（2）農村経済の全面的な発展期（1993～2011年）

1993年、国は農村部の耕地の契約期間を延長する土地政策を導入した。この取り組みは、農村経済の発展と農民の流動化に大きく貢献し、その後の農村経済のさらなる爆発的な成長につながった。しかし、中国の農村改革運動は改革開放政策を境目に、農村地域の経済構造及び農工業問題、そして1978年から地域間の格差が広がり始めなど様々な問題をも拡大させた（表1-2）。

表1-2　農民と都市住民の収入格差及びエンゲル係数

時間	農村住民の純収入a/元	都市住民の純収入b/元	農村と都市間収入格差（b/a）	エンゲル係数/%	
				農村	都市
1978年	133.6	343.3	2.57	67.7	57.5
1979年	160.2	405.0	2.53	64.0	—
1980年	191.3	477.6	2.50	61.8	56.9
1985年	397.6	739.1	1.86	57.8	53.3
1990年	686.3	1510.2	2.20	58.8	54.2
1995年	1577.7	4283.0	2.71	58.6	50.1
2000年	2253.4	6280.0	2.79	49.1	39.4

注：中国人民共和国国家統計局「中国統計年鑑」を基に筆者作成。

2002年に、政府は「農村土地契約法」を導入していた。これは農村住民の土地契約の長期的な安定と生産活力の活性化に重要な役割を果たすとともに、農村の土地契約問題について法治国家への転換を示すものでもあった。同年、中国共産党第16回全国代表大会は、「農村経済を全面的に繁栄させ、都市化を加速させる」という課題を明確に打ち出した。これも中国における農業の基本的な地位を強化し、農業・農村経済の構造調整を促進するための一つ重要な取り組みである。

2004年から2006年にかけて、政府は2000年以上にわたって中国で施行されてきた農業税を完全に廃止した。これは農民の生活への圧迫を大幅に緩和しただけでなく、「産業が農業を養い、都市が農村を支援する」という政策のより良い実施を促進し、国の農業と農村への資源配分の最適化にプラス効果をもたらし、より包括的、協調的、持続可能的な発展に向けて都市と農村の関係を促進する上で大きな意義があった。2005年に、中国政府は「社会主義新農村建設の若干の意見に関して」(《关于推进社会主义新农村建设的若干意见》)を提出し、新農村建設の新しい方針を打ち出した。それに、農民に厳しい都市工業化政策と農村経済政策をより根本的に見直し、補完するために、政府は2004～2008年5年間連続で中央一号文書のテーマが三農問題に当てられている。2003年から2013年にかけて、中国農民の純所得(注:年間純所得)は2622.2元から8895.9元へと増加し、2009年のリーマン・ショックや国内農産物の価格変動により、農民の年間平均純所得の伸び率は大幅に低下したが、一人当たりの純所得は増え続けている傾向が見られる(図1-1)。1993年から2011年までの主な農村経済政策を表1-3に示す。

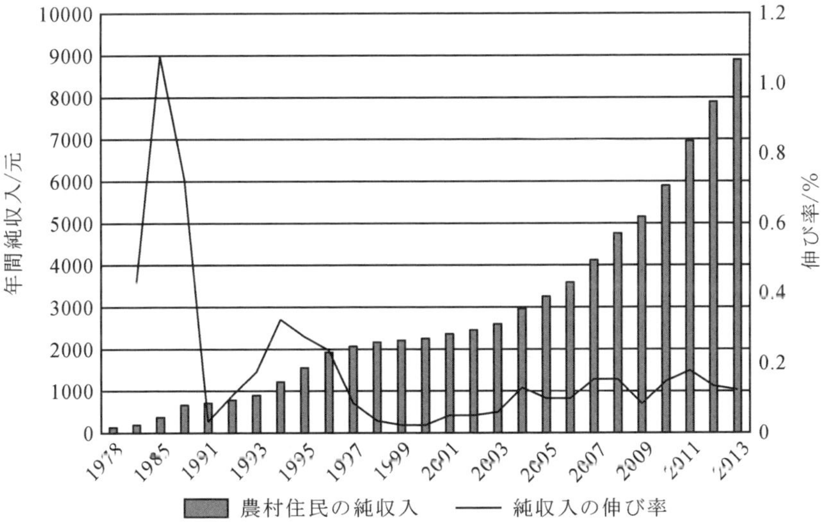

図1-1　農村住民一人当たりの年間純収入の推移

(中国人民共和国国家統計局「中国統計年鑑」を基に筆者作成)

表1-3　1993～2012年の主な農村経済政策

時間	経済政策
1993年	「中西部地区における郷村企業の発展加速に関する決定」(《关于加快发展中西部地区乡镇企业的决定》)、「農業と農村経済の発展に関するいくつかの政策措置」(《关于当前农业和农村经济发展的若干政策措施》)
1994年	「中国農業開発銀行の設立に関するお知らせ」(《关于组建中国农业发展银行的通知》)
1996年	「第9次五カ年計画期間と今年の農村労働に関する主な任務と政策措置」(《关于"九五"时期和今年农村工作的主要任务和政策措施》)、「郷鎮企業の集中的かつ持続的な発展を指導し、郷鎮企業区の建設を加速させることに関する意見」(《关于引导乡镇企业适当集中连片发展和加快乡镇企业小区建设的若干意见》)
2000年	「スモールタウンの健全な発展促進に関する意見」(《关于促进小城镇健康发展的若干意见》)
2003年	「社会主義市場経済体制の改善に関するいくつかの問題に関する決定」(《关于完善社会主义市场经济体制若干问题的决定》)、「農民の所得向上を促進するためのいくつかの政策に関する意見」(《关于促进农民增加收入若干政策的意见》)
2005年	「第11次国家経済社会発展五カ年計画の策定に関する勧告」(《关于制定国民经济和社会发展第十一个五年规划的建议》)、「社会主義新農村建設の若干の意見に関して」(《关于推进社会主义新农村建设的若干意见》)
2007年	「現代農業を積極的に発展させ、社会主義新農村の建設を堅固に推進することに関する意見」(《关于积极发展现代农业扎实推进社会主义新农村建设的若干意见》)、「農業インフラ建設を効果的に強化し、農業の発展をさらに促進し、農民の所得を増加させることに関する意見」(《关于切实加强农业基础设施建设进一步促进农业发展农民增收的若干意见》)
2008年	「農業の安定的発展と農民の持続可能な所得増大の促進に関する意見」(《关于促进农业稳定发展农民持续增收的若干意见》)
2009年	「都市と農村の一体化を強化し、農業と農村の発展の基礎を更に強化することに関する意見」(《关于加大统筹城乡发展力度进一步夯实农业农村发展基础的若干意见》)

続　表

時間	経済政策
2010年	「水資源改革と発展の加速に関する決定」(《关于加快水利改革发展的决定》)
2012年	「農業科学技術イノヘーションを加速し、農産物の供給能力を持続的に強化することに関する意見」(《关于加快推进农业科技创新持续增强农产品供给保障能力的若干意见》)

この時期の都市化の急速なスピードは、農村の産業発展を効率的に推進する一方で、農村の余剰労働力を農業から工業に移転させる結果となり、都市住民と農村住民の所得格差が徐々に拡大し、農村の経済発展が著しく鈍化した。

(3)農村経済の全般的な深化期(2012年～現在)

2012年に、農業科学技術の革新的な発展は徐々に中国の農村経済の発展を促進する重要な手段となった。特に農業と農村の現代化の発展は国家レベルで強く提唱され、中国の農村現代化の発展の新たな段階を示した。これは、絶対的な貧困をなくし、農村の経済・社会発展を実現し、農村経済を活性化するための国家の重要な取り組みであるとともに、美しい中国の実現と農村活性化戦略の実施に必要な手段、基本的な保証でもある。

2013年に、中国共産党第16期中央委員会第5回全体会議は「美麗郷村」[①]建設という目標を打ち出した。2017年に、中国は農村活性化戦略として、

① 「美麗郷村」建設は、中国共産党第16期中央委員会第5回全体会議に提起された「生産開発、豊かな生活、文明化された村のスタイル、清潔で整頓された村の外観、及び民主的管理」の特定の要件に言及するものである。「美麗郷村」建設には十類型のモデルがある。特に目立つのは、レジャー・旅行観光農業、体験農業など産業、村全体の建設計画と成設計、住宅改良、インフラ建設など(財政が重点支援)である。ほかは、第1、第2と第3次産業の融合(6次産業化)である。

都市と農村の一体的な発展を促進し、農村の総合的な活性化を段階的に実現することを明らかにした。2020年末までに、農業・農村開発の近代化を加速させ、農村開発の活力を高めることを主な目的として、農村の経済成長を刺激する一連の政策が国と地方の両レベルで導入された。現在、第13次5カ年計画期間における貧困削減のための転居作業は完全に完了し、中国の農村経済の発展において歴史的な進歩を遂げ、農村の活性化が本格的に始まっている。

農村の活性化を実現するためには、まず産業の活性化が優先されるべきである。そのため、産業の活性化は中国の現在の農村経済政策の中核となっているが、中国現在の農村産業の大半は比較的同質的で、施設型農業、特産農業、農産物の一次加工、特産観光業の発展が中心となっており、まだ産業発展の第一段階にとどまっている。それと同時に、産業高度化と市場化の必要性に対する農民の理解が不十分なため、農村住民のグリーン・ツーリズムへの参加率は低く、そこから得られた経済効果も高くなかった。

以上、現在の中国の農業農村の発展経緯及び直面している課題を掲げた。2020年に、政府は「全面的小康社会」を実現するため、農村貧困人口全員の貧困脱却が必要であると指摘されている。2015年に貧困ライン以下の貧困人口は5630万で、年間千万人の削減が目標となる。2017年に「三大攻略戦」(三大攻坚战)の一つとして、「貧困脱却の難関攻略戦」(精准脱贫攻坚战)が2020年までの党と政府の重要なタスクとされた。2020年12月28～29日、中国中央農村工作会議が北京で開催された。会議では、「貧困との厳しい戦いに勝利した後、中国は郷村振興の促進を全面的に推進する」と指摘された。これは三農政策の歴史的な転換である。その中に、観光による貧困緩和は、「精準扶貧」主要な方法として注目された。

しかし、中国の経済発展は政策と深く結びついている。そして、経済発展の速度は産業別に大きな差が見られる。改革開放の初期段階では、農業部門の発展は決して遅くはなかったが、20世紀80年代中期に入ってから、農業の発展は緩やかになりつつある。その原因としては、農村地域の労働力不足、農業技術の推進不足などがある。そのため、グリーン・ツーリズムなどの観光業によって、若者を農村地域に回帰・移住させることは肝心である。

2. グリーン・ツーリズム発展に向けた全国的な都市側の条件

経済の発展とともに、都市住民の生活水準はますます向上し、物質の豊かさだけでなく、心の豊かさを求めるニーズも増加している。図1–2と図1–3は都市住民の純収入とエンゲル係数の推移を表している。都市住民の収入は1978年から2020年にかけて徐々に増加し、エンゲル係数は徐々に低下する傾向が見られた。

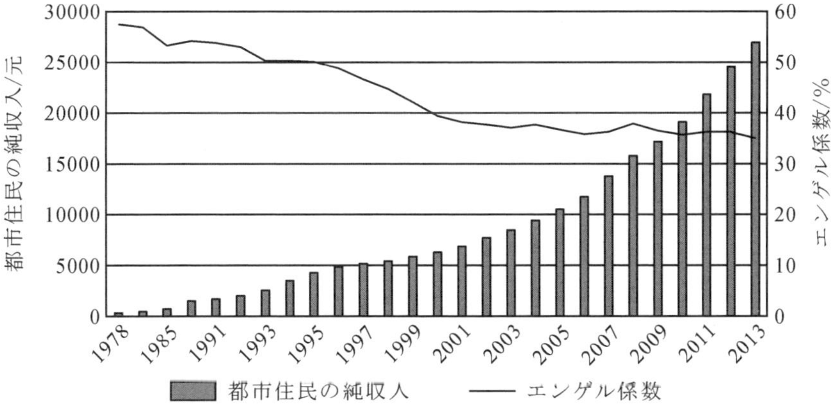

図1-2　1978～2013年の都市住民の純所得とエンゲル係数

（中国人民共和国国家統計局「中国統計年鑑」のデータに基づいて筆者が作成した）

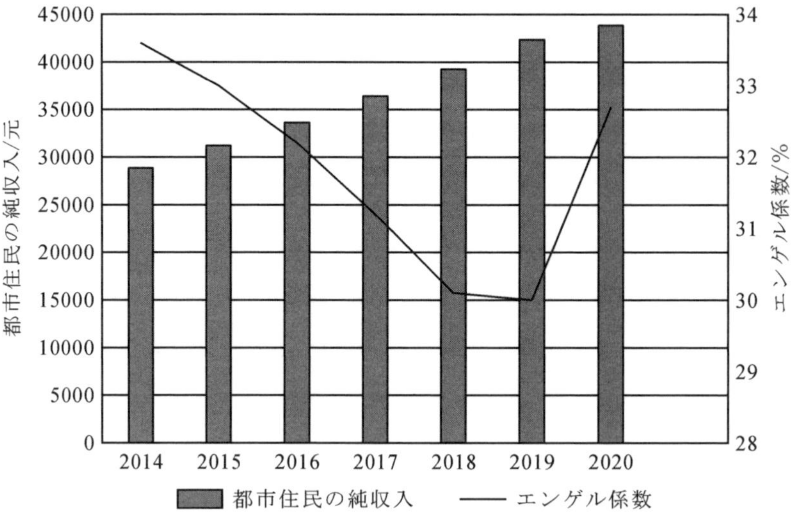

図1-3　2014～2020年の都市住民の純所得とエンゲル係数

（中国人民共和国国家統計局「中国統計年鑑」のデータに基づいて筆者が作成した）

そして、その支出構成図から見れば、2014年から都市住民は食品や服装の物質的なニーズは徐々に低下している一方、娯楽や交通通信などの精神的なニーズの増加傾向も見られた（図1-4）。

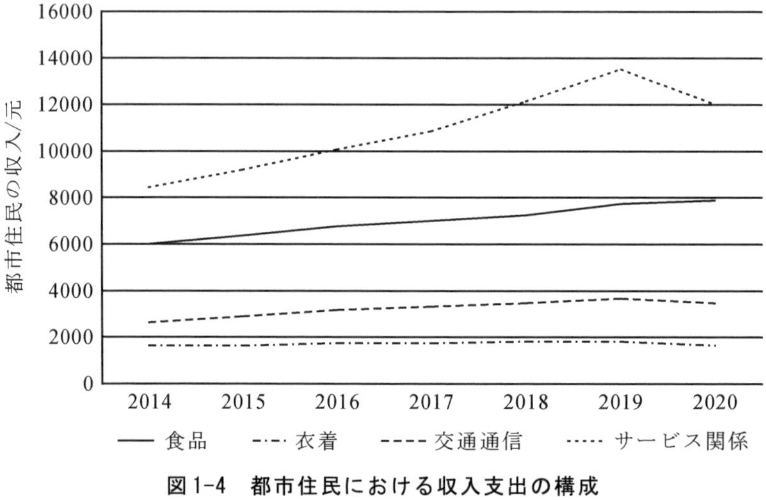

図1-4　都市住民における収入支出の構成

（中国人民共和国国家統計局「中国統計年鑑」のデータに基づいて作成した）

また、休暇制度の実施では、中国は1995年5月6日に「従業者の労働時間に関する国務院の規定の実施方法」(《国务院关于职工工作时间的规定》)が公布され、正式に週休2日間制度が始まった。1999年に、国内の消費を刺激し、旅行事業を促進するため、「全国年間祝日及び記念日休日弁法」(《全国年节及纪念日放假办法》)を再更新し、「春節」「五一のゴールデンウィーク」「国慶節」の休暇を1週間まで延長した。2014年からまた新しい休暇制度が導入された現在、休日が増えている。

1994年以来、都市住民の年間観光支出は緩やかな増加傾向が見られる。都市と農村の交通事情が改善され、自家用車が普及したことも、都市近郊での都市住民の休暇を促進した。大気汚染など都市環境の悪化が都市住民の健康志向を高め、先進国で流行している「スローライフ」のライフスタイルと相まって、農村部での休暇がブームとなっている。

最後に、国家産業発展政策と都市農村協調戦略の実施の影響である。2003年、中国の3次産業の付加価値は15:52:33で、3次産業の就業者数の比率は49.1:21.6:29.3であった。第2次産業の生産額の割合が高すぎ、第3次産業が遅れており、第1次産業が労働力を保持しすぎ、産業構造は明らかに不合理であった。これが1980年代以前から中国で長く実施されてきた「重工業の発展を優先する」という経済発展戦略は主な原因である。「第15次五カ年計画」期間中の産業再編の目標は、農業の基本的な地位を固め強化し、産業の再編とグレードアップを加速し、サービス業を強力に発展させ、国民経済の発展と社会情報化を加速し、インフラ建設を引き続き強化することである。サービス業の重要性が高まる中、観光業はサービス業の重要な構成要素として、国から高い優先順位を与えられていた。この中で、農家楽は新しい観光の形として大きな政策的支援を受け、大きな発展を遂げている。同時に、政府は「2つの高資本」産業の発展を制限する政策を導入したため、一部の農民は工業生産からサービス業に移動するようになった。都市と農村の協調戦略の実施も農家楽に大きな影響を及ぼしたといえる。

そのため、政府は農村と都市双方の社会的ニーズを満たすように、農村のインフラ建設や伝統文化の維持を奨励し、農村の生活環境を改善するとともに、都市住民に農村への旅行を奨励することで、地域と経済の発展を促し、三農問題及び都市の社会問題を解決してきた。このような背景から、「農家楽」は中国の郷村観光の最も代表的な形態となっている。

第2節　研究の目的

本書においては、日本のグリーン・ツーリズムの歴史、発展経緯を参考に、中国の農村が抱えている諸問題に焦点をあてつつ、特に先進事例と位置づけられる日本のグリーン・ツーリズムの特徴や典型的な事例を紹介した上で、中国のグリーン・ツーリズムの代表——農家楽と比較分析し、考察した。即ち、農村観光業による農村地域振興、農村地域の活性化への取り組みが先行している先進国的なグリーン・ツーリズムの運営のノウハウや経験を中国に還元することが可能となるように、中国におけるグリーン・ツーリズム「農家楽」(以下、「農家楽」と略する)の実態や問題点、そして今後の可能性を明らかにすることを目的とするものである。

また、経済発展において他地域に先駆けている沿海先進地域である浙江省での現地調査を通じ、農村開発におけるグリーン・ツーリズムの役割や現状など、現在の中国におけるグリーン・ツーリズムの特徴を明らかにする。また、実証研究を通じ、中国におけるグリーン・ツーリズムの特徴と問題点を明らかにする。

第3節　研究の方法

本研究の方法としては、まずグリーン・ツーリズム及び農家楽関連の文献調査をもとに、日本の「ふるさと」村づくり、農泊の推進及び子供の農山村交流を現地にて、調査を行い、日本型グリーン・ツーリズムの実施経験をまとめた。

それに、中国浙江省杭州市の農家楽を分類し、分類ごとの経営者に対する詳細な聞き取り調査を実施した。あわせて地区行政関係者を対象としたヒアリング調査を行い、農家楽の類型分類ごとの課題や問題点の抽出に努めた。

さらに、浙江省にある学校の観光専門の学生及び一般学生を対象としたアンケート調査を実施し、今後の中国における新しい旅行形態としてのグリーン・ツーリズムの顧客となる若い世代の意識を調査することで研究を実施した。

第2章

グリーン・ツーリズムに関する既往研究

グリーン・ツーリズムという旅は緑豊かな自然、美しい景観の中での休養、自然観察、地域の伝統的・個性的文化との出会い、農村生活体験、農村の人々とのふれあいを求め、従来の名所めぐりと範疇的に異なっている。そして、美しい農村の景観と伝統文化を受け継いでいるヨーロッパでは、長期休暇制度を確立して以来、都市生活者の間で、農村への滞在旅行として定着していたが、日本や中国などのアジア地域で定着されるには、都市及び農村再度の諸条件から見て、まだ時間がかかると見られる（井上・中村・山崎 1993）。

第1節　グリーン・ツーリズムの歴史

グリーン・ツーリズムの歴史といえば、18世紀のグランド・ツアーに代表される貴族・ブルジョワなど裕福な階級の個人旅行という絶対的な少数者の時代から見られる。近代観光の発祥地であるヨーロッパの観光が現代の観光に発展するまでの過程に古くから大きな影響を与えてきた。その中でも19世紀後半に観光が発達する要因といえるのが、グランドツアーやトーマス・クックによるパッケージツアーの発明である。

グランドツアーは、17世紀から19世紀にかけて盛んに行われたイギリスなどの貴族の子弟が付き添いを連れて2～3年の旅に出るというものである。これによって、社交慣習や美術鑑賞を学習することから、イギリスでは貴族社会のメンバーに認められるための通過儀礼と見なされた。このグランドツアーの伝統は若者がリュックサックを背負い、世界中を放浪するバックパッカーズの観光形態につながったといわれる。しかし、注目すべき点はそれではなく、それまで巡礼のための旅行、楽しみのための旅行(ただし、裕福な貴族中心による)という意味が中心に考えられていた時代に、故郷を離れ、危険を乗り越え、また故郷へ戻ってくるといった、旅にそれを通して自分自身を成長させるという教育的な意味を見出したことである。グランドツアーは、観光に教育的な意味を付随させる要素を生み出した旅行であるといえる。

この時期のグリーン・ツーリズムは「伝統的な農村観光」とも呼ばれ、主な利用者は農村から休暇のために「故郷に帰る」都市住民である。この現象は先進国でも発展途上国でも広く見られる。

トーマス・クックは、当時の都市労働者の飲酒習慣をなくすという目的で1841年に禁酒運動大会の行楽旅行を実践した。その実践に際し、クックは鉄道を使い、570名もの団体旅行の行程を仕切った。これが成功したことを機に、1865年にThomas Cook & Son社を設立し、現在でも世界規模の旅行会社として存在している。旅行業の創設、その後のアイデア発案による現代のパッケージツアーの原型の発明など、クックによる旅行業展開は、貴族中心に行われていた観光が大衆へと広がっていくきっかけとなるものであった。

グランドツアーやクックによる観光形態の展開により、観光は大衆により身近な存在となり、広く普及されることとなった。マス・ツーリズム時代の始まりである。マス・ツーリズムとは、観光が大衆化し、大量の観光者が発生する現象をいい、第二次世界大戦後の先進国(主に日本、西ヨーロッパ諸国、アメリカ)で発生した。これらの先進国は経済発展で近代化を達成していくわけであるが、この経済発展は大衆に豊かさをもたらすと同時に、大衆消費社会を生み出す要因ともなった。大衆消費社会とは「工業生産が飛躍的に増大し、大量生産、大量消費の経済活動によって人類史上未曾有の経済的豊かさを実現した社会」(安村 2001)である。その中で、それまで裕福な階級の間に限られていたレジャーが大衆にも広まってきた。中でもレジャーで人気を博したのが観光であり、大衆消費社会がマス・ツーリズムの発展に拍車をかけた。

しかし、1970年代にはマス・ツーリズムの拡大により、観光地の文化、環境破壊、犯罪や売春、ホスト(観光地域の住民)に対するゲスト(観光者)の経済的・社会的な優位性、といった問題が顕著となってきた。1960年代から近代化による環境問題は現れていたが、1970年にはもはや無視できない状況にまで広がっていた。国際マス・ツーリズムの発展に伴い、観光や大規模な観光開発による自然環境の破壊、汚染も広がった。この問題は、国際観光が広がっている現在でも共通の問題といえる。こうした問題が明らかになってくることにより、環境に配慮した旅行形態を求める人々によって、新しい観光のあり方へと目が向けられるようになってきた。

1987年5月にはロンドンで「農村地域における観光の新しい機会の考察」と題した会議が開催され、グリーン・ツーリズムについて議論された。ここで用いられたグリーン・ツーリズムの"green"とは単なる緑色の森林や緑色の大地を意味するものではない。

このように、18世紀のグランド・ツアーから、19世紀のイギリスのトマス・クックによる団体旅行システムの開発に端を発し、第二次世界大戦後の海浜・山岳を飽和させたマス・ツーリズムの時代までを経験し、またそもそもの文化観光や保養観光から近年のエコツーリズムの時代まで、「ポスト・ツーリズム」にいたるまで、ほとんどあらゆる種類の観光形態を生み出してきたが、その中で近年脚光を浴びてきたのがグリーン・ツーリズムである。

第2節　グリーン・ツーリズムの概念

グリーン・ツーリズムは国によって、その表現が異なる。例えば、イギリスではグリーン・ツーリズム、ドイツではルーラル・ツーリズムといっているが、フランスでは観光省などはグリーン・ツーリズム、農業関係機関はアグリツーリズムなど、関係者によって、更に細かい表現を採用している。概念上は、農産物や農村景観、農村資源の活用に限定したツーリズムをアグリツーリズム、ツーリズムの活動を展開する空間に着目したフランスの分類によれば、山岳地帯など雪の中での観光をホワイト・ツーリズム、海浜での観光をブルー・ツーリズム、そして田園での観光がアグリツーリズムと分けている例もある。そして、このような農村地域を舞台として展開される観光全体をルーラル・ツーリズムと定義するのが一般的な傾向であるため、グリーン・ツーリズムは広い意味でのルーラル・ツーリズムの一部を構成するものと考えられることが出来そうとされている。

一、グリーン・ツーリズムの概念の要件

グリーン・ツーリズムの資源構成は主に自然資源、鉱物、土地、人力、資本ストック、農村景観、民俗文化、農村ののどかな環境、農村空間に具現され、農業生産を核心とする静的物質と動的環境の有機的構成である。農村観光は英語でrural tourismといい、アグリツーリズム(agritourism)、グリーン・ツーリズム(green tourism)、ファーム・ツーリズム(farm tourism)とも呼ばれる国もあり、訳語の違いは主に農村観光の基準や視点の定義の違いによるもので、農村観光の概念や理解の意味合いが異なってくる。現在、国内外の学者はそれぞれの研究視点からグリーン・ツーリズムに

対する見解を打ち出している。

Furqan, Mat Som & Hussin(2010)はグリーン・ツーリズムをエコツーリズムの一と種類と定義している。持続可能な観光の重要な要素であるグリーン・ツーリズムは、「動植物や文化遺産が主な魅力である目的地への旅行」と定義されている。この定義はさらに拡大され、自然資源を尊重・保護し、壊れやすい資源の状況に合わせてプログラムを適応させることを目的に、気候への影響を最小限に抑えた目的地への環境的に持続可能な旅行も含まれる。グリーン・ツーリズムは、都市資源や文化的多様性の尊重と保全を促しながら、自然的・文化的側面の支援に役立つような旅行を奨励するために重要である。

Meler & Ham(2012)は、グリーン・ツーリズムを、都市化された海岸やスキーリゾートなどの地域を除き、人々が普段の生息地を離れて郷村活動をする現象と見なしている。観光の場合、これらの地域で観光客のニーズを満たす責任を負う産業や政府組織の一部である。また、観光産業や公共部門組織が、ホスト国の農村地域社会やその社会的、文化的、経済的、物理的環境に与える影響も含まれる。彼らはグリーン・ツーリズムの本質を、変化する農村地域の経済的ニーズを満たし、より良い農村保護を促進し、都市住民を田舎に触れさせ、新しい観光商品や体験に対する市場の需要を満たすことであると考えている。また、グリーン・ツーリズムという用語は、自然地域で行われるあらゆる観光活動、あるいは「環境に配慮している」と見なされる観光を指す言葉として広く使われていることをも示唆している。

グリーン・ツーリズムは自然をベースにしているなど、その中核的な特徴はエコツーリズムにも似ている。エコツーリズムは旅行体験を通じて自然環境について学びたいという特定の人々を対象としているのに対し、グリーン・ツーリズムは特に都市生活者を対象としているようで、自然に親しむことで日々のストレスから回復することに重点を置いた農山村地域での休暇の過ごし方である。

また、グリーン・ツーリズムとルーラル・ツーリズムの違いに注意することも重要である。Lane(1994:7)によると、ルーラル・ツーリズムの中心的な特徴はルーラルであること、グリーン・ツーリズムは小規模で個人所有の観光施設が必要であること、観光客と地域住民との交流が必要であることを指摘している。これらの特徴は、同じく農村観光の一形態であるホリデー・ツーリズムとは異なる。

日本の学者山崎・小山・大島(1993)はグリーン・ツーリズムについて、まずはあるがままの自然の中でのツーリズムであることと指摘している。例えば、ドイツなどではビオトープというコンクリートなどで固められた護岸などを、できるだけ自然の姿に戻そうという運動が起こっているが、手を入れない自然の中での滞在や散策などが基本となる。次は農家などの居住している人たちはサービスの主体であることを指摘している。最後は農村なりの様々な資源、生活、文化によって、都市住民との交流を通して生かしながら、地域社会の活力の維持に貢献していることを指摘している。このグリーン・ツーリズムの中心は、農家の兼業の一環として行われている宿泊施設「農家民宿」であると指摘している。

Dodds & Joppe(2001)はグリーン・ツーリズムの概念を4つの部分から説明した。

①環境の責任:自然及び物質的な環境を保護することによって生態系の長期かつ健康的な持続発展を維持する。

②ローカルな経済活力:地方の経済、コミュニティをサポートすることによって、経済の活力と持続可能性を確保する。

③文化的な多様性:文化及び文化の多様性を尊敬、理解することによって、継続された地方の文化を保護する。

④経験的な豊かさ:イベントや有意義な参与または現地の自然、人々、場所及び文化への関与によって、豊かで満足的な経験を提供する。

青木(2004)はグリーン・ツーリズムの概念を自然環境資源を活用する自然的要素、農村の文化的資源を活用する文化的要素、そして農林業といった産業資源を活用する産業的要素の3つが主要なものと指摘している。それらの要素を主たる対象とするツーリズムが、「エコツーリズム」「ルーラル・ツーリズム」「アグリツーリズム」であり、それらの交差する中心部分に位置するのが狭義のグリーン・ツーリズムであり、それらを包括するのが広義のグリーン・ツーリズムであると操作的に定義したいと述べている(図2-1)。

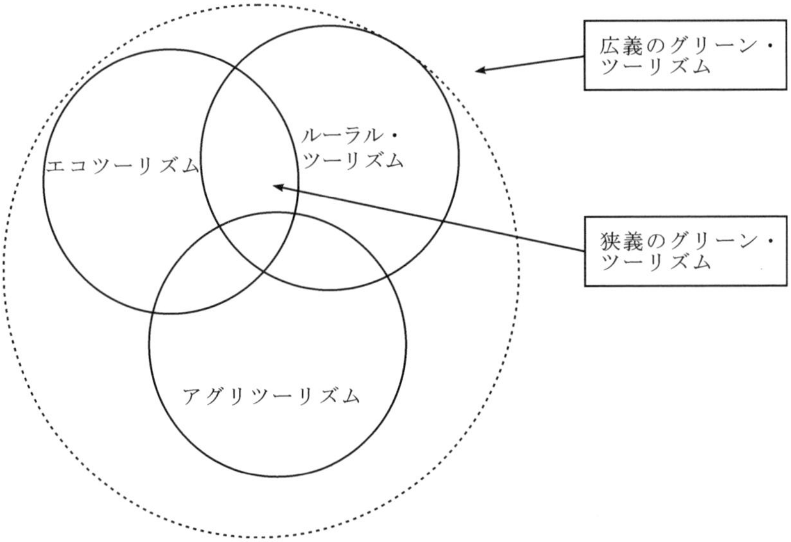

図2-1　グリーン・ツーリズムの概念図

Furqan, Mat Som & Hussin(2010)は、先進農業国における「グリーン・ツーリズム」の概念上の要件を非大規模開発主義、地域資源活用、人的交流の重視、農山村の自然環境や社会環境の保全、地域住民の合意に基づく主体的実践、全体的な農村計画、村づくりの一環としての実践、人と地域の共生、多様な田園居住方式の開拓などのように、色々挙げられる。この9つの要件は、グリーン・ツーリズムが基本的には都市(ツーリスト・ゲスト)側の論理で主導されがちであるのに対し、それを農山村(非ツーリスト・ホスト)側からの論理をも加味したものである。つまり、グリーン・ツーリズムが持続可能なものとなるためには、都市・農山村両者にとっての対等な意義づけが必要であり、そのような双方向性の確保が実践上の不可避的課題である。

また、Furqan, Mat Som & Hussin(2010)はグリーン・ツーリズムを持続可能なツーリズムの大切な一部分で、地域の植物や動物、そして伝統的な文化は目的地の主な魅力であると定義している。

以上の先行研究を踏まえ、グリーン・ツーリズムの概念は図2-2のようにまとめることができる。グリーン・ツーリズムというのは普通の農村のあるがままの自然資源・農山漁村の文化資源・農林業の産業資源という資源に基き、農家など居住している人たちが都市住民にサービスを提供し、利益追求より交流を大事にしているため、不特定多数の通過型観光客ではなく、リピーターの確保が主テーマとなっている。その目的は環境保護及び地域社会の活性化である。

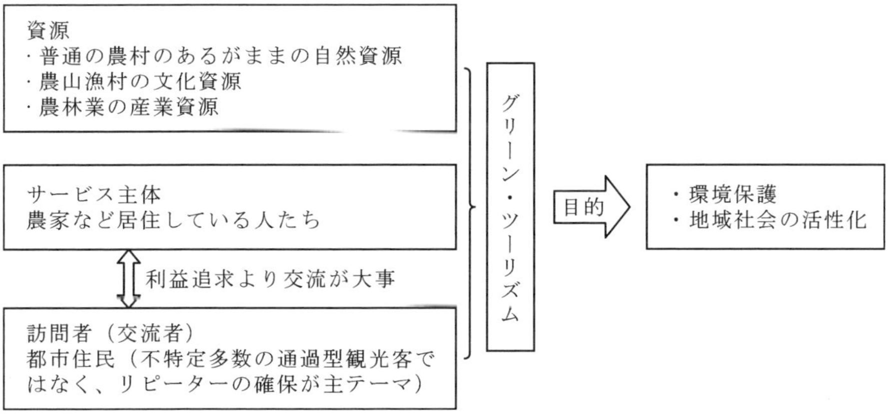

図2-2　グリーン・ツーリズムの概念

グリーン・ツーリズムは観光地域のエアーポケットともいうべき、観光開発の進まない地域でこそ展開しうるという。既存の観光地は、その意味ではグリーン・ツーリズム展開上、一定程度のハンディを背負っているといえよう。特に最近ではスキー場の民宿や立派なパンションエリアが、グリーン・ツーリズムへと転換を図ろうとしているが、マス・ツリーズムの発想でグリーン・ツーリズムを目指すことは、ナンセンスであり、そうした民宿の「換骨奪胎」は、非常に困難であろう。観光地の一般的な情報を求め、名所旧跡を巡るのではなく、誰もが知らない「秘密」を訪れた人々と、それらの人々を迎えた人々だけが共有できるような、そういう独自の個性的な滞在を、グリーン・ツーリズムの基本的理念としているのである。そこで、グリーン・ツーリズムの展開条件として、最もあげるべきは、産業的条件である。まずもって、地域産業の基盤にある農林漁業の生産活動が活発で、その特産物を見たり味わったり、収穫や加工体験できる地域であることが重要である。他にも、自然的・歴史的・文化的条件、社会的条件及び人的条件などもグリーン・ツーリズムの展開を促す要因としても重要である。

二、グリーン・ツーリズム振興上の基本的要点と留意点

グリーン・ツーリズムの基本的理念を踏まえ、具体的な実践活動を展開する上でのようなことが考えられなければならない。まずは、行政や専門家の立場にある人々、そしてマス・メディアにおいて、確かな視点による啓発や指導、そして情報提供が大事である。そうしたグリーン・ツーリズム実践論への真剣な議論が必要と考えられる。

第一に認識すべきは、グリーン・ツーリズム誕生の歴史的背景を踏まえ、その理念として、マス・ツーリズムへのカウンターパートに立つという基本的姿勢である。従来のリゾート観光に見られた、あるいは豪華観

光ではなく、小規模な継続的交流を基本とすることが重要である。

第二には、長期的な視点に立った、環境への配慮を踏まえた持続的な振興にある。短期的開発による環境問題に関し、日本でも、中国でも、リゾート開発ですでに「負の経験」を共有している。また、西欧初発の理念の定着には時間が必要であり、少なくとも10年くらい時間的スパンで計画を策定しながら、その推進を総合的に行うという姿勢が必要である。

第三には、グリーン・ツーリズムの内実としての「質」(quality)が求められる。具体的には、①廉価、②小規模、③伝統、④素朴さ、⑤静寂といった要素が、グリーン・ツーリズムの質を構成する不可欠の価値となる。ドイツの経済学者のシューマッハが、*Small is Beautiful*(『小さいことは美しい』)という著書を刊行して話題になったのは、もう30年も前のことであるが、「最高の生活の質」の確保が、グリーン・ツーリズムの持続性の確保にとって重要である。それは、グリーン・ツーリズムの主要なビジネスとされる、農家民宿について特にいえることである。後述のように、西欧、特にイギリスの農家民宿は、決して「安かろう、悪かろう」の低級民宿ではなく、素朴ながらも、衛生管理や居住性、ホスピタリティ、周辺環境との関係などにおいて、質の確保に十分な配慮がなされ、ビジネスとしてもそのネットワークが行き届いている。カントリー・ライフの豊かさを存分に味わえる条件整備が必要といえよう。

第四には、グリーン・ツーリズムのホスト(受け手)側のあり方としての主体性、双方向性、対等性、開放性、融合性の確保をあげたい。ともすれば都市主導の論理となりがちなグリーン・ツーリズムであるが、ホスト(受け手)側の姿勢いかんで、その成否が決まるといっても過言ではない。例えば、岩手県遠野市は、周囲の山々に閉ざされた盆地にあるが、地理的に閉ざされた感の強い遠野でグリーン・ツーリズムが展開している背景には、藩政時代からの海と陸の交易・交流拠点であったという歴史的事情があるが、一見すると閉鎖的なようで、実は開放的という「閉鎖的開放性」こそが、グリーン・ツーリズムの展開条件として無視できない。文化の創造は、そうした弁証法的な異文化融合のダイナミズムがあってこそ、実現するものと考えられる。

第五には、経済的な自立を踏まえた人間的自立化が求められよう。これまでの農村社会において、ともすれば周縁に置かれがちだった女性や高齢者が、その感性や生活経験・人間性を活かす機会として、グリーン・ツーリズムを位置づけられたら、彼らの経済的自立や多様な自己実現が、可能となろう。そうした社会的役割が対等に与えられてこそ、男女共生による新たな農村社会の関係性を構築することができよう。青木(2004)は日本の大分県安心院町のグリーン・ツーリズムの実践を例として挙げた。安心院町は、「農村民泊(農泊)」という生活密着型のグリーン・ツーリズムが、多くの人々の共鳴と感動を呼んでいるが、その中心的な役割は、女性や高齢者である。安心院町の農泊を実践している「百年の家ときえだ」の時枝美佐子さん(75歳)は、友人のプリストル大学のバーナード・レーン氏と宿泊した日の朝、「私にとってのグリーン・ツーリズムは、人生のハッピーエンド」と笑顔で語ってくれた。確かなグリーン・ツーリズムの実践者の多くは、こうした自己実現を見事に果たしているのである。

第六には、農林漁業や地場産業を核とした「地域連携型」の多面的振興を図る必要がある。ともすれば、自己犠牲を伴う奉仕型交流に陥りがちであった従前の「都市農村交流」から、最終的は、多様な交流産業の創出へと展開が可能になるように、各種の地場産業を結び合わせた「地域連携型」の振興を、環境に配慮して多面的に行う必要がある。

グリーン・ツーリズムは政策用語として提起されたであるが、単なる「グリーン・ツアー」でないことが暗示するように、ある特定の理念や主義・主張を基底におくものでなければならない。それは正に、都市と農山漁村の分断化の状況のもとで、対等な関係性の構築を目指すオルタナティヴな地域振興方策の一つであることへの認識によって、多くの識者や実践者、さらには新たなライフスタイルを構築しようとする生活者に、共鳴を呼ぶものといえる。

以上の6つの要点に加え、より決定的なのは、グリーン・ツーリズムの導入が観光客の増加につながり、ひいては農村部の家計の所得向上につながるかどうかという点である。この疑問を解決する一つの方法は、マーケティング手法を応用することである。しかし、グリーン・ツーリズムの潜在的な観光客のニーズはそれぞれ異なるため、すべてを同時に満足させることができない。観光客をターゲット市場に細分化し、彼らのニーズとグリーン・ツーリズム事業者のスキルやリソースをマッチングさせることが重要である。そしてグリーン・ツーリズム事業者は、これらの潜在的なターゲット市場を惹きつけ、リピート訪問の可能性を高めるために、デスティネーション内で潜在的なターゲット市場が望むレベルの属性を提供しなければならない。グリーン・ツーリズムを提供する側、即ち様々なツアーオペレーター、地方政府、地方自治体などが、真の意味での「グリーン」ツーリズムを実現するためには、持続可能な開発の概念を観光政策に取り入れる必要がある。

次は、グリーン・マーケティングの開発である。グリーン・マーケティングは、環境に配慮した戦略を適用することによって実施される。

①環境に配慮した市場セグメントを創造・開発する。

②すべてのマーケティング活動及び製品を、最新の環境要件と基準に照らして体系的に監視、評価、監査する。

③品質戦略と製品パッケージを再定義する。

④市場や一般大衆、環境保護団体や組織、個々の国などとの販促活動や

コミュニケーション戦略を再定義する。

⑤新しい環境基準を開発し、新しい環境イニシアチブを立ち上げる。

⑥環境に配慮した製品表示を採用する。

Polonsky & Rosenberg(2001:28)はグリーン・マーケティングがビジネスに与える3つの主な影響について報告しているように、ほとんどの場合に上記の戦略が観光産業、即ち旅行供給業者にも適用できる。

①コスト削減:生産工程のグリーン化は、多くの場合、資源の効率的な利用につながり、それによってコストパターンが変化する。

②競合他社に対する差別化:新製品を提供したり、既存製品の新市場における価値を創造したりすることで、企業は新たな市場セグメントに参入し、顧客ロイヤルティを高め、収益性を向上させることができる。

③企業の活性化:企業は、グリーン・マーケティングのガイドラインやルールを適用することで、グリーン化プロセスを、自社製品だけでなく、企業戦略、文化、使命、ビジョンなどを全体的に活性化する機会として利用することができる。

第3節　グリーン・ツーリズムの類似概念

グリーン・ツーリズムの類似概念としては、ルーラル・ツーリズム、ソフト・ツーリズム、エコツーリズム、アグリツーリズムとグリーン・ツーリズムが挙げられる。それぞれの定義は以下のように紹介している。

農村地域に行われる観光はルーラル・ツーリズムと呼ばれるが、20年前からLane(1994)は農村地域での観光のすべてがルーラル・ツーリズムではないと指摘している。Lane(1994)は都市リゾート・ツーリズムとルーラル・ツーリズムを表2-1のように対比してまとめている。

表2-1　都市リゾート・ツーリズムとルーラル・ツーリズムの比較

都市リゾート・ツーリズム	ルーラル・ツーリズム
開放空間が少ない	開放空間が広い
1万人以上の定住者	1万人以下の定住者
人口密度が高い	人口密度が低い
ビル的環境	自然環境
多くの室内活動	多くの屋外活動
社会資本——集約的	社会資本——弱い
多くの催し——小売が基礎	個々の活動が基礎
多くの設立物(施設)	少ない設立物(施設)
国内・国際的会社	地方の会社
終日の観光を含む	多くの時間性の旅行を含む
農林業を含まない	いくらかの農林業を含む
旅行者の利益は自らがサポートする	旅行者は他の利益をサポートする
従業員は仕事場から離れて住む	従業員は仕事場の近くに住む
季節による影響は少ない	しばしば季節に影響される
多くの客	少ない客
客の関係は匿名	客との個人的関係
専門的経営	素人経営
国際的雰囲気	地方的雰囲気
多くのモダンな建物	多くの古い建物
進歩的/成長する道徳	保守的/発達が限定された道徳
一般にアピール	特殊な人にアピール
幅広い市場開拓	市場開拓無し

ここで示されたルーラル・ツーリズムの重要の特徴は、人口1万人以下の農村に行われる体験活動である。刘伟・丁赞忠・成升魁(1998:12-13)によると、Gilbert & Tung(1990)は、ルーラル・ツーリズムを、農場や牧場といった典型的な農村環境で、観光客が様々な余暇活動を行えるよう、農家が宿泊施設やその他の条件を提供する観光の一種と見なしている。ルーラル・ツーリズムの対象を農場や牧場に限定しており、要するにアグリツーリズムである。欧州連合(European Union、EU)と経済協力開発

機構(Organization for Economic Co-operation and Development, OECD)は、ルーラル・ツーリズムを田舎で行われる観光活動と見なしており、「田舎らしさ」がルーラル・ツーリズムのマーケティング全体の中核であると定義している(Reichel, Lowengart & Milman 2000: 451–459)。Lane & Bramwell(1994)は、ルーラル・ツーリズムには次のような特徴があると考えている:①農村地域に位置する、②観光活動は小規模な事業、オープンスペース、自然と密接に結びついた、文化的伝統や伝統的活動など、③活動規模が農村的である、即ち、建物群や集落はいずれも小規模である、④社会構造と文化は伝統的な特徴があり、変化が緩やかで、観光活動の大部分は地元で管理されている、⑤田舎の自然環境、経済環境、歴史環境、立地条件が複雑で多様であるため、ルーラル・ツーリズムにも様々なタイプがある。この概念はルーラル・ツーリズムの性質を反映し、狭いカテゴリーに属する。

Inskeep(1987)は、ルーラル・ツーリズムを伝統的に田舎と結びついた観光の一形態と考えている。このタイプの観光に参加する観光客は、村の生活様式や伝統的な知識を学び、地域の農民もこのタイプの観光から直接利益を得ることができる。この定義は、ルーラル・ツーリズムが地域社会に利益をもたらすことを強調している(张利民 2003: 173)。

刘德谦(2006: 12–19)によると、ルーラル・ツーリズムは、農村の地域性や農業に関連する風土、風習、景観などを観光の魅力とし、観光客の休息、観光、体験、学習などを誘致する観光活動である。

何景明・李立华(2002)は、狭義のルーラル・ツーリズムは農村での観光活動を指し、農村の自然や人物を観光の魅力としており、ルーラル・ツーリズムの概念には2つの側面が含まれると考えている。一つは農村で行われることであり、もう一つは農村の自然を観光の魅力とすることであり、どちらも不可欠である。

程道品等(2003)は、ルーラル・ツーリズムの概念を研究するために、観光の主体である観光客、観光対象である観光資源の魅力要素、さらに観光客の動機、観光客の行動範囲など、観光資源を定義する必要があると考えている。ルーラル・ツーリズムは、都市から遠く離れた田舎を目的地とし、田舎の独特な自然景観や人文景観を魅力とし、都市住民を主な対象市場とし、観光客のリラックス、知識、自然回帰のニーズを満たすことによって経済的・社会的利益を得る観光形態であると定義している。

杜江・向萍(1999)は、ルーラル・ツーリズムとは、農村の風景や活動を魅力とし、都市住民をターゲット市場とし、娯楽、知識、自然回帰といった観光客のニーズを満たすことを目的とした観光形態であると考えている。

肖佑兴・明庆忠・李松志(2001)は、ルーラル・ツーリズムとは、農村の空間環境に基づく観光の一形態であり、独特の生産形態、民俗習慣、生活様式、農村景観、農村居住、農村文化を対象として、都市と農村の差異を利用して商品を企画、設計、組み合わせ、観光、小旅行、レジャー、休暇、ショッピングを統合したものであると考えている。その特徴は、農村の自然、知識と娯楽、参加型、高効率、低リスク、観光客の自然に帰りたいというニーズに応えられることである。

周玲强・黄祖辉(2004)は、ルーラル・ツーリズムはエコツーリズムとアグリツーリズムを組み合わせて進化させた新しいタイプの観光であると考えている。エコツーリズムには自然生態系と人文生態系の両方が含まれ、旅行者がこのタイプの観光を選ぶ本来の動機は、自然と先祖の生活様式への回帰である。

そして、1970年代にマス・ツーリズムと伴う観光開発が環境に負荷を与え、地域の伝統的な景観を破壊していると指摘される一方で、環境に負荷を与えない「環境に優しい観光」としてのソフト・ツーリズムがスイスやドイツにおいて提唱されるようになった(Jungk 1980;Krippendorf 1982;Rochlitz 1988)。Jungk(1980)はハード・ツーリズム(マス・ツーリズム)とソフト・ツーリズムを表2-2のように対比を行った。

表2-2　ハード・ツーリズムとソフト・ツーリズムの比較

ハード・ツーリズム	ソフト・ツーリズム
マス・ツーリズム	個人、家族、友人との観光
少ない時間	十分な時間
高速交通機関	相応(またゆっくりした)交通
固定したプログラム	自発的決断
外部統率	自己統制
移入された生活スタイル	地方の習慣的生活スタイル
見学	体験
快適で受動的	活動的で疲れる
心の準備なし	訪問地についての事前の準備
外国語なし	外国語の勉強
優越感	学ぶ楽しみ
買い物(ショッピング)	贈り物を持っていく
お土産	思い出、日記、新しい知識
スナップ写真と絵はがき	写真、スケッチ、絵
好奇心	他人に対する思いやり
騒々しい	静か

また、エコツーリズムが形として現れるようになるのは、1982年にインドネシアのバリ島で開催された第3回世界国立公園保護地域会議において、向こう10年間で世界の陸地面積の5%を保護地域にする目標が採択されたことになる。しかし、膨大な対外債務を抱える発展途上国においては、資金難から保護地域の監視の目も行き届かないという問題を抱えていた。そこで、自然保護地域の資金調達機構として考案されたのが、エコツーリズムと自然保護債務スワップであった。

エコツーリズムの概念に関しては、エコツーリズム推進協議会は、エコツーリズムを①自然・歴史・文化など地域国有の資源を生かした観光を成立させること、②観光によってそれらの資源が損なわれることがないよう、適切な管理に基づく保護・保全を図ること、③地域資源の健全な存続による地域経済への波及効果を実現することと定義している。しかし、その分、観光客の存在は全く忘れ去られてしまっている。どの程度のボリュームの、どのような旅行形態の、どのような意識の観光客が想定されているのかという視点がここではまったく欠けていると吉田(2003)が指摘している。小槻・原・伊多波(2012)はエコツーリズムを手付かずの自然地域で行われ、環境の保全、地元コミュニティの生活向上、訪問者の教育に努める旅行のことと定義している。1980年代以来、エコツーリズムに対する産業界、消費者、学会の関心が高まり、2001年にDavid Fennellは学界及び産業界の資料から、80個を超えるエコツーリズムの定義を見出した(小槻・原・伊多波 2012)。

エコツーリズムはグリーン・ツーリズムと比べ、持続可能な開発という概念を重視しており、自然をベースとした観光活動として、自然環境への悪影響が少なく、生物種とその生息地の保護に貢献し、教育の機能、持続可能な開発の概念、観光体験の倫理的要件を含んでいる。現在、エコツーリズムを一般化する傾向があり、グリーン・ツーリズムをエコツーリズムの範疇に含める学者もいるが、これは不適切である。グリーン・ツーリズムの発展は、エコツーリズムの基準に沿うべきであり、持続可能な発展の理論に導かれ、生態と環境の保護、地域社会の利益を重視すべきである。生態と環境の保護を重視し、地域社会の進歩と経済発展を重視することで、この時点でグリーン・ツーリズムは一種のエコツーリズムであるが、これはグリーン・ツーリズムの発展の良い面に過ぎず、グリーン・ツーリズムの発展のために、地域の自然環境と人文環境を破壊するのであれば、グリーン・ツーリズムはエコツーリズムに属さない。

両者の関係は非常に密接であり、現在、一部の学者は「農村エコツーリズム」を提唱している。「農村エコツーリズム」とは、エコツーリズムの概念に導かれた観光活動であり、農村の生態環境と景観を魅力とし、農村の環境を保護し、農村社会に利益をもたらすことを目的としている。

アグリツーリズムは19世紀半ばにヨーロッパで生まれ、鉄道網の発達に伴い、拡大する工業都市の住民が町や都市の郊外にある農場でレクリエーション体験を求めるようになった。1985年、イタリアはすでにアグリツーリズムのための国家的な法的枠組みを確立しており、奨励金、補助金、立法措置を通じ、農場での宿泊やその他のレジャー活動を奨励していた(Sonnino 2004)。20世紀後半、アグリツーリズムはフランス、イギリス、アメリカ、オーストラリア、ニュージーランド、そして日本に広まり、隆盛を極めた。1994年、OECDの38カ国は、農業・農村観光現象に関する主要な報告書を委託・発行した(Bebbington,Neil & Paul 1994)。現在、アグリツーリズムとは通常、レジャー、レクリエーション、教育を目的とした、農業環境における一連の農業関連観光活動と定義される(Gil Arroyo, Barbieri & Rozier Rich 2013)。アグリツーリズムは、農業と観光を組み合わせた新しい産業観光の一種であり、グリーン・ツーリズムの中でも生産とより密接に関係する部分でもある(刘德谦 2006)。農業のグローバル化の中で、世界の多くの政府はアグリツーリズムを、農家の収入を増やし、農村コミュニティを活性化し、農村資源を保護するための持続可能な開発戦略と見なしている(Che 2007)。

山崎・小山・大島(1993)もアグリツーリズム(農村ツーリズム)は「農村地域でのツーリズム」という中性的な表現となるが、必ずしも「グリーン」なツーリズムである必要がないが、実際には農村地域でのツーリズムはグリーンであるべきという議論が一般的で、この2つの表現は殆んど同じような意味で使われていると指摘している。Jansen-Verbeke &

Nijmegan(1990)はアグリツーリズムを農村の環境と産物に関連しながら生産活動と直接に結びつくツーリズムと定義している。

以上のような様々な観光形態は、普通の農村のあるがままの自然資源・農山漁村の文化資源・農林業の産業資源という資源に基いて、農家など居住している人たちが都市住民にサービスを提供し、利益追求より交流を大事にしているため、不特定多数の通過型観光客ではなく、リピーターの確保が主テーマとなっているグリーン・ツーリズム(図2-2)と比べれば、共通点もあれば相違点もある。この関係は図2-3のようにまとめた。

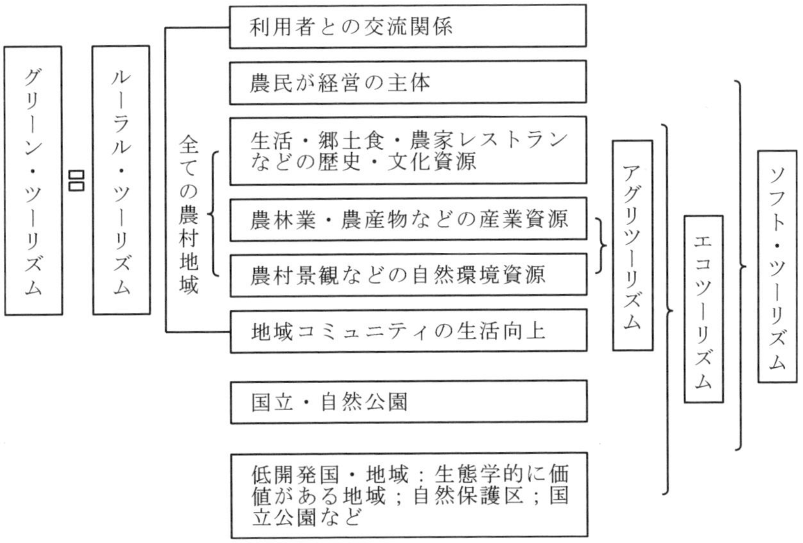

図2-3　グリーン・ツーリズムと他のツーリズムの関係の概念図

本書では、ルーラル・ツーリズムとグリーン・ツーリズムを同じ概念に扱うこととする。それは農民が経営の主体であり、文化資源、産業資源、自然環境資源のもとに、利用者との交流関係を持ちながら、地域コミュニティの生活向上を目指している。この中では、国立・自然公園などは含まれていない。右側のアグリツーリズムは農村の環境と産物に関連しながら生産活動と直接に結びつくツーリズムであるため、主に産業資源と自然環境資源のことを指している。エコツーリズムはグリーン・ツーリズムと比べたら、国立公園や自然公園、低開発の地域や生態学的に価値がある地域などで休暇を過ごすツーリストであり、利用者との交流関係や農民が経営の主体性などは特に触れていない。ソフト・ツーリズムは農民が経営の主体性が見えるが、交流者との交流関係は特に強調されていないようである。

第4節　ヨーロッパにおけるグリーン・ツーリズム

近年、観光産業はGDPや雇用において他の産業にひけをとらない位置を占めている。ヨーロッパの観光経済は雇用の6%、国内総生産の5.5%を占めている。このことから、観光業の重要性はすごく明らかである。ヨーロッパにおける観光が注目されるのは、古くから今日の観光に影響を与えた観光形態をヨーロッパが作り出してきたからである。15世紀から始まったグランドツアー、現在も展開されているマス・ツーリズム、そして近年注目されている新しい旅行形態であるエコツーリズムにいたるまで、ヨーロッパは旅行産業に大きな影響を与えてきた。このことから、ヨーロッパは近代観光の発祥地であるといえる。このように観光先進国であるヨーロッパでグリーン・ツーリズムがどのように展開されてきたのかは、これから中国のグリーン・ツーリズムを見ていく上で取り上げなければならない項目である。ヨーロッパ諸国では各国においてグリーン・ツーリズムが普及しており、グリーン・ツーリズムに対する意識も高い。ヨーロッパという広い範囲を取り扱うことにより、細部まで見ることができなくもなるが、ヨーロッパでグリーン・ツーリズムがどのように展開されてきたのかを歴史的背景を踏まえながら見ていこうと思われる。

ヨーロッパのグリーン・ツーリズムは1970年代にドイツやフランス、イギリスなどの先進国で始まり、1980年代から1990年代にかけてヨーロッパ全域に広がった。20年にわたる発展を経て、ヨーロッパのグリーン・ツーリズムは成熟期を迎えており、以下の2つの特徴が見られる。

一、観光文化の地域性を重視している

多くのヨーロッパ諸国はその国の独自の資源に基づいてグリーン・ツーリズムを発展させた。例えば、イギリスのグリーン・ツーリズムは、農場主が中心となって発展してきたもので、農場が広く、機械化が進み、観光客が参加するアクティビティもバラエティに富んでいる。ここのグリーン・ツーリズムの主な開発モデルは「環境作りに重点を置いた自発的な開発モデル」である。イギリス政府は農村観光事業への直接的な関与は少なく、主に非政府組織（Non-Governmental Organizations、NGO）と協力して農村観光開発に有利な環境を整えている。自然環境と人的環境の面では、イギリス政府は関連法規を改善し、エネルギー税や大気変動税の課税、農業生態系保護プロジェクトへの的を絞った資金提供など、税制や補助金を通じて持続可能な開発を促進している。ビジネス環境の面では、政府は公共サービスの水準を向上させ、規制上の制約を適切に緩和し、地方の公共サービスが公正でオープンであることを保証している。市場環境の面では、政府は国内外からの観光客の市場拡大に尽力している。また、主な関係者の役割分担を見ると、政府省庁は直接的にグリーン・ツーリズム開発のための資金援助や法的保護を行い、資金援助やアウトソーシングを通じ、間接的にその下部組織やNGOに業務を完結させている。例えば、文化・メディア・スポーツ省は、イギリス国内外の

観光協力強化を担うイギリス観光局に資金援助を行っている。英国田園自然保護協会やファーム・ホリデー・アソシエーションなどの非政府組織は、農村観光の発展を間接的に促進するために、民間部門が自発的に結成したものである。その結果、英国の農村観光業者は高度な自発的性を持ち、マナーハウスツアー、B&B(Bed & Breakfast)ホテル、文化遺産ツアーなど、多様な観光商品を開発してきた。山崎・小山・大島(1993)は、イギリスのグリーン・ツーリズムは「自然崇拝」の思想ではない、即ち「環境を破壊しない観光開発」ということでもなく、人間を遠ざけようとするのでもなく、利用者と地域生活者をより近づけようとすることを指摘している。

フランスはワインとチーズで有名な国で、グリーン・ツーリズムのアクティビティには通常、ワインの製造工程の見学、ワインセラーの訪問、チーズ作りが含まれている。フランスの民宿は、石造りの伝統的な民家が多い、独立性がある家屋、手間がかからない民宿、フレンドリーな経営者と利用者、きめ細かなサービス、車でないと行きにくいという6つの特徴を持っている。その運営パターンも主に「政府＋協会＋農民」という質の高い開発モデルである。即ち、政府がトップレベルで設計し、農民が運営し、協会は質の高い開発を進める上で重要な役割を果たしている。一方では、政府がグリーン・ツーリズムを直接支援・監督し、修繕や維持のための補助金を支給し、ホテル税やケータリング税を減免し、品質憲章や観光品質プログラムなどの政策や規制を公表し、協会を通じて政策構想を実行し、実施効果を監督している。例えば、フランス農業省は登録農業者協会の常設委員会に出資し、協会は農村観光政策の実施を推進し、産業政策の実施を策定している。グリーン・ツーリズム政策の実施、業界規範の策定と実施、業界の自主規制の形成、農家への助言、指導、研修の提供などである。フランスの業界団体は、政府と農家をつなぐ存在であり、伝統的な「大きな政府」の機能の一部を担っている。

フランスの「農村観光管理条例」では、組合員の旅館の主な食材は、地元で生産・加工され、地元の方法で調理されたものでなければならない。また、農泊の宿泊施設、運営者、宿泊客は、適切な保険に加入しなければならない。これは、農村観光の地域特性を保護するだけでなく、農村観光の運営の標準化を保証するものでもある。

ドイツの農村では、グリーン・ツーリズムという表現はあまり見られず、「農家で休暇を」と呼ばれている。ドイツの農泊は、完璧な格付け評価システムに頼り、農泊の発展を厳格に管理し、農泊の品質を保証するだけでなく、デザイン、活動計画、ブランドマーケティングなどの面にも細心の注意を払っている。そして、空間デザインから計画、マーケティングまでの体系的なサービスを確立することで、観光客に多様で豊かな地方観光体験を提供している。まず、ドイツの農泊のデザインは、オーナーが直接設計・配置している。客室の面積は一般的に45～50平方メートルで、家族向け設備一式を備え、特徴的な室内環境を装飾し、地元の食材を使った料理を提供する。また、その外部環境設計においては、地域の特性を尊重し、自然環境を保護するという原則に従い、庭の景観を整え、農家を部分的に修繕することで、ドイツの田舎体験を作り出している。また、体験活動については、ドイツの農泊オーナーは、観光客を家族の活動に参加させることで、観光客を地元の生活に溶け込ませる。さらに、オーナーは観光客の旅行計画を立てたり、移動のアドバイスを提供したり、農場の生産過程に参加させたりすることで、一味違ったドイツの田舎の風景を体験できるようにしている。農泊のブランドマーケティングについて、ドイツは農泊の評価鑑定制度登録によって認証を行う。また、専門旅行ウェブサイトで全国の農泊の詳細情報検索ウェブサイトを実現している。そして、農泊の建築特徴、生態保護、外部環境、文化革新などによって、競争制度を確立していた。また、ドイツの農泊は、民俗文化を重視し、人類の歴史と革新に力を入れ、民衆教育の普及、博物館展示の開催などを通じ、人々に歴史遺産の保護に参加するよう呼びかけている。それと同時に、文化創意製品の開発と結びつけて文化の付加価値を高め、農泊を訪れる観光客がその文化の魅力を全面的に体験できるようにしている。

このように、ヨーロッパ諸国は、さらなる発展と管理の基礎となる資源の地域の歴史的・文化的特性を十分に探求することで、地域の観光文化や地域特性を保持し、ヨーロッパ地域全体の観光の発展を促進してきた(李银兰 2019)。

二、農村住民の所得を保証するための政府によるマクロコントロール

ヨーロッパのグリーン・ツーリズムの発展には、政府のマクロコントロールが非常に大きな役割を果たしている。ヨーロッパ諸国は資本主義国であるため、政府はグリーン・ツーリズムの発展を保護するためにマクロ制御措置を策定している。例えば、EUは毎年グリーン・ツーリズムを構築するために特別な資金を投資する(李静宇・林立波 2020)。これはグリーン・ツーリズムの発展が資金ギャップの影響を排除するのに役立つだけでなく、農民の雇用機会を拡大することもできる。

総じていえば、グリーン・ツーリズムがヨーロッパで広くされている理由としては、都市側、農村側と行政側の3つの側面から見られる。

まず都市側に関しては、井上(2002)は次の11項目を挙げられている。①国民の教育レベルの向上、②歴史、文化遺産に対する関心の高まり、③交通・通信ネットワークの展開、④健康への関心の高まり、⑤余暇時間の増加、⑥食べ物への関心の高まり、⑦本モノ志向の高まり、⑧安らぎと静けさを求める願望、⑨活動的な高齢者の増加、⑩休暇における余暇活動の

個性化、⑪REAL[①]な旅行市場の拡大。この中で「余暇時間の増加」はヨーロッパと日本のグリーン・ツーリズム普及率に大きな違いを生んでいる。イギリス、フランス、ドイツなどヨーロッパの国々での一般労働者は1週間、2週間とまとまった休暇を取ることができることが当たり前のこととなっている。一般の労働者には、このまとまった休暇に、リゾートや高級ホテルに泊まり、1～2週間過すほどの経済的余裕はなく、都市に住む多く人々は農村へ行って休暇を過ごすことが一般的なものとなっている。

そして、グリーン・ツーリズムを受け入れる農村側にも1970年代以降の変化があった。農村における自然や景観の保全・再生が実施され、景観的にも、生態的にも多様性のある美しい農村を再生させてきている。どこにでもあるような自然ととらえられがちな農村地域の小川、生垣や石垣、森林のbiotop(生物の生活の場)の保護・再生が行われ、集落の伝統的な建物の保存・再生がなされた。一方、農村女性の自立に貢献する新たな役割開発への支援の意味も大きい

また行政側では、ヨーロッパの多くの国が農家へ直接補助を行っていた。例えば、様々な資金援助、税制上の優遇措置、住民税や職業税、付加価値税や所得税などの免除や減税が行われた。

以上、都市側、農村側と行政側の条件を即し、農政ジャーナリストの会はヨーロッパにおけるグリーン・ツーリズムの特徴を以下の7点にまとめた。

①民宿は主に農家の副業としてのツーリズムであること。

---

① 精神的に肉体的に「ためになる―Rewarding」、気持ちまたは教養の面で「豊かになる―Enriching」、未経験なことを体験する「冒険的なもの―Adventuresome」、未知なことを「学ぶ体験―Learning experience」、この4項目の英語の頭文字を取ってREALとなる。

②大半の国では、農家の副業としてのグリーン・ツーリズムを行政がバックアップしていること。

③副業を前提として、行政的に直接補助と税の減免などを行なっている。立地場所が条件不利地域にある場合には、さらなる優遇策が取られている。

④最近では、ワイン製造農家などの参入がドイツやフランスでは目立っている。背景には農業の不振がある。

⑤グリーン・ツーリズムの主役は農家婦人であること。この点は農家婦人の地位向上運動との連動もある。

⑥宿泊施設の品質向上が進んでいること。ドイツではB&Bスタイルの民宿が自炊型民宿へ移りつつある。

⑦宿泊者向けのサービスは、実に淡泊である。年配者には保養、家族連れには食糧生産の仕組み、動植物とのふれあいなどによる情操教育は効果として期待されている。

第3章

日本のグリーン・ツーリズムの展開

第1節　グリーン・ツーリズム発展の流れ

第2章に述べたように、日本の農村地域、とりわけ中山間地域は今様々な課題を抱えている。耕作放棄地の増加、森林管理放棄地の増加、いわゆる「限界集落」問題、医療・福祉にかかわる事情、高齢化、結婚難、少子化など、枚挙にいとまがない。これらは、「限界集落」といわれてしまう地域に限られた問題ではない。それらを様々な面で支えてきた中心的集落の機能低下も顕著である。役場、農協、郵便局、学校、NTTの支所(リミテッド・ジャパン株式会社)などがなくなり、また商店街がその体をなさなくなっている例は、日本の各地に見られる。国及び地方自治体の財政逼迫化に伴う市町村合併、公設・公営のハコモノの閉鎖や計画中止は、こうした流れを加速させている。さらに、児童数・生徒数減に伴う公立の小中学校の統合再編は、地域社会の精神的中心であり、かつ地域の次世代を育む場を失う意味で、地域にとって大きな問題である。これは、学校の開放度低下、ゆとり教育見直しや、子供の余暇の過ごし方の変化と相まって、地域理解や郷土愛育成、そこでつちかわれてきた知恵と技を獲得する機会の縮小につながる可能性がある。こうした負の流れに対抗し、農村地域の未来を創り出すべく各地で取り組まれてきた「都市農村交流」が注目されてきた。

日本で「都市と山村の交流」が政策的に進められて約50年、また「グリーン・ツーリズム」が農政用語として登場して25年以上が経過し、現在では、これらの活動は全国に広まっている。宮崎(2002)は日本のグリーン・ツーリズムが本格的に普及されるのは1992年であると指摘している。バブル経済が崩壊し、農山漁村におけるリゾート開発が破綻し始め、農林水産省は「新しい食料・農業・農村政策の方向」において、始めてグリーン・ツーリズムの行政用語を用いた。日本型のグリーン・ツーリズムの定着の流れは表3-1のようになっている。

表3-1　日本型のグリーン・ツーリズムの定着の流れ

時期区分	時間	主な政策・動向
交流政策の開始(1970年代)	1970年	山村振興基本問題諮問委員会、山村振興対策審議会
	1972年	自然休養村事業
	1974年	山村と都市協同の山村振興モデル事業
交流活動の本格化(1980年代半ば～1990年代初頭)	1983年	三全総フォローアップ作業報告
	1985年	ふるさとC&C(Create & Clearance、クリエイトとクリアランス)モデル事業、山村地域資源高度活用促進モデル事業
	1986年	民間活力導入法
	1987年	第4次全国総合開発計画、総合保養地域整備法(リゾート法)、国有林ヒューマングリーンプラン
	1989年	森林特措法による保安林解除の簡素化
グリーン・ツーリズム政策の登場(1990年代)	1992年	新しい食料・農業・農村政策の方向、グリーン・ツーリズム研究会中間報告
	1993年	総合保養地域研究会最終報告、緑のふるさとふれあいプロジェクト事業、「農山漁村でゆとりある休暇を」事業
	1994年	農山漁村滞在型余暇活動のための基盤整備の促進に関する法律(農村休暇法)の制定(グリーン・ツーリズム法)
	1995年	ガット・ウルグアイ・ラウンド農業合意関連対策開始、農林漁家体験民宿の登録開始

続　表

時期区分	時間	主な政策・動向
交流・グリーン・ツーリズム(1990年代末)	1998年	21世紀のグランドデザイン(五全総);農政改革大綱と農政改革プログラムでは、「グリーン・ツーリズムの国民運動としての定着に向けたソフト・ハード両面からの条件整備」を明記
	1999年	食料・農業・農村基本法
	2001年	森林・林業基本法
	2002年	大分県が農家民宿開業に対する緩和策を実施
	2003年	観光が国家的課題へ、構造改革特区で農家民宿開業に対する規制緩和実施;7省庁連携の「都市と農山漁村との共生・対流に関するプロジェクト」
	2004年	NPO(Non-Profit Organization、非営利組織)・GT(Green Tourism、グリーン・ツーリズム)・ネットワークセンター設立、GTネットワーク全国大会開始
	2006年	観光立国推進基本法、森業・山業創出支援総合対策事業、山村力誘発モデル事業
	2008年	農林漁家民宿おかあさん100選開始、子供農山漁村交流プロジェクト開始
	2010年	基本計画では、兼業農家や小規模経営を含んだ「意欲あるすべての農業者」を支援対象とする方針転換がなされる
	2015年	農林水産業が有する食料の潜在能力を評価する「食料自給力指標」を、新しい指標として導入していくことが盛り込まれている
	2020年	「産業政策」と「地域政策」を車の両輪として推進し、将来にわたって国民生活に不可欠な食料を安定的に供給し、食料自給率の向上と食料安全保障を確立

一、創成期(1950年代～1970年代)

第二次世界大戦後、日本経済は第一次高度成長期を迎え、工業化が進むにつれ、都市と農村の格差がますます顕著になり、農村問題が徐々に注目されるようになった。地方の変貌を促進し、地方の空洞化問題を根本的に解決するため、1960年代から日本政府は「農山漁村活性化法」(1965年)、「水質汚濁防止法」(1972年)、「廃棄物の処理及び清掃に関する法律」(1970年)など、「地方の活性化」のための一連の戦略を実行に移し始めた。さらに、日本は国家総合開発計画を繰り返し策定しており、その中でグリーン・ツーリズムの開発は重要な要素となっている。その後、観光果樹園のような都市近郊の単純な農村観光が徐々に発展し、1970年代には比較的専門的で大規模な観光事業が登場するようになった。1980年代になると、農業テーマパークや高齢者住宅など、様々なテーマの大規模リゾートが次々と建設された。

二、開発過渡期(1970年代〜1990年代)

都市と農村の交流が進むとともに、地方への関心が高まったのは政府だけでなく、都市生活者も地方の魅力を感じるようになった。1970年代のオイル価格に端を発した経済危機により、日本経済の発展が鈍化して以来、政府は輸出経済から内需拡大へと視点を移し、政策指導などを通じて地域経済の不均衡な発展や工業と農業の格差の問題を緩和してきた。過度な都市化は、農村の空洞化・高齢化の状況を深刻化させただけでなく、少子化に伴う集落の過剰拡大現象をも引き起こしている。地方自治体は、地方税収の安定確保と行政単位の機能維持のために一定の人口規模と人口密度を必要とするため、自治体の財政力・行政力強化のために一定規模の離村・合併を行い、それに伴って農村住民の生活圏も拡大してきた。

その後、マス・ツーリズムの進展に伴い、海水浴場やスキー場など日本の観光地周辺に農泊が急増し(石井 1977)、1970年代には約26万軒に達し、発展のピークを迎えた(玉村 1980)。1980年代以降、洋風の宿泊施設

(ペンション)やその他の旅館、高級ホテルなどに押され、農家民宿は徐々に減少していった。このような農泊は、農繁期のサイドビジネスとして観光客を受け入れているが、その営業内容の性質上、法律(「旅館業法」)に基づく旅館業許可申請が必要である。バブル崩壊後、日本経済は長らく低迷し、観光の発展もしばらくは非常に遅れていた。この間、日本政府は「環境基本法」(1993年)、「グリーン・ツーリズム法」(1995年)、「食料・農業・農村基本法」(1999年)などの法律を制定し、関連政策を策定した。特に、「グリーン・ツーリズム法」は、農林漁業体験宿泊施設に明確な法的定義を与えている。

1990年代、日本のグリーン・ツーリズムは体験・学習機能を拡大し、観光客が自ら農業生産活動に参加し、農業の自然や喜びを体験できるようになった。特に都市近郊の農村では、地の利を生かして野菜や果物の収穫体験農園が設けられ、観光客に収穫の喜びを体験させた。この時期、農作業を体験する農村観光が急速に発展した。例えば、長野県飯田市では、豊かな自然資源と恵まれた地理的条件を活かして南信州観光コミューンを設立し、レジャー型の農業観光や農業体験活動を展開し、地域経済を活性化させた。

三、多様的発展期(21世紀以来)

21世紀に入ってから、日本国内外の経済情勢の変化に伴い、特に日本の科学技術の発展に伴い、生産の自動化レベルが向上し、都市住民の余暇時間が増え、余暇観光の手配に対する要求が高まっていた。観光を通じて精神的、文化的などの楽しみや経験を得たいと願っており、ハイレベルで専門的な質の高いグリーン・ツーリズムは、都市住民にとってより魅力的なものとなっている。一方、農村住民もグリーン・ツーリズムの発展によって都市住民との交流が深まると同時に、地域の生態系を守り、農村の伝統文化を継承することを望んでいる。したがって、日本の農村観光はこの間、穏やかな発展の道を歩んできた。

この時期、日本では、「グリーン調達法」(2000年)や「観光立国基本法」(2007年)といった法律が制定され、グリーン・ツーリズムの健全でグリーンな発展が確保されるようになった。また、政府によるグリーン・ツーリズム開発への財政支援も行われた。例えば、長野県鹿賀村では、国庫補助金、地方交付税交付金、地方債をフル活用してグリーン・ツーリズムを開発し(史玉丁・于浩淼 2017)、資源循環型の開発モデルを構築することで、地域経済の発展だけでなく、環境保護も実現している。また、日本では2008年からふるさと納税制度を実施し、グリーン・ツーリズムの発展を促進している。これは強制的な税金ではなく、実際には一種の寄付であり、納税者が寄付を通じて税負担を軽減するための方法である。ここでいうふるさととは、生まれたふるさとのことだけでなく、ふるさと納税は象徴的な名称に過ぎない。納税者が自治体、特に貧困地域に寄付をすると、ふるさと納税制度によって税金が免除され、寄付を受けた地域は納税者にお礼として特産品を返礼したり、村の生活を体験してもらったりする(乐绍延・许缘 2015)。

2016年3月に、日本閣議決定された「我が国における観光の将来ビジョン～世界が訪れたくなる観光地づくり～」において、「滞在型農山漁村の形成・建設」が提言され、「農泊推進方策」が策定された。それ以来、グリーン・ツーリズムは正式に観光の一形態として認められている。2017年、日本の農林水産省は特別基金として50億円(100円＝6.41元、2020年)の予算を計上し、2018年には75億円に達した。

農泊観光は日本のグリーン・ツーリズムの重要な一種であり、対象顧客は主に2つのタイプに分かれる。第一は国内外を含む研修旅行の学生であり、第二は外国人観光客である。「伝統的な日本」の魅力を持つ農泊観光のインバウンド分野への拡大は、観光商品体系を豊かにするだけでなく、ゴールデンルート(竹内 2017)から遠く離れた場所や村でもインバウンド観光の大いなる発展の恩恵を分かち合うことを可能にし、農村の活性化と活力の促進に貢献している(北川 2017)。農林水産省と観光庁は、農水産物のブランド化を通じてインバウンドを促進する「Japan farm stay」ブランドの開発を進めている。農林水産省によると、農林漁業体験を提供するファームステイは約1970件登録されており、北海道が約300件で最も多く、長野県が260件で2位となっている。この統計は農家のみを含み、一部の過渡期的な農泊(正式に登録されておらず、試験的に運営を参加している農泊)を除外しているため、実際の農業体験農泊の数は多少増える。

21世紀以降、日本は都市化の高度成長期にあり、都市の経済成長は低下し、農業も低成長、あるいは停滞を続けているが、グリーン・ツーリズムは年々増加しており、2020年には日本人観光客数は8327万1000人、消費総額は6042億円に達し、そのうち移動人口向けの農村観光宿泊施設には844万人が宿泊する。日本のグリーン・ツーリズムは、もともと単一の観光形態であったが、社会的需要の変化に伴い、多様化、標準化、洗練化などの特徴を示し、レジャー・ホリデー、農業観光、学習・体験などの観光を含み、将来性の高い観光とも期待されている。

第2節　グリーン・ツーリズムの特徴

一、グリーン・ツーリズム発展の条件

日本のグリーン・ツーリズムについて、条件から見れば、都市住民側は、長期休暇の取得が普及しているヨーロッパの事情と違い、長期休暇の

取得が難しく、そしてお盆休みや春の連休に長期休暇が集中している。しかも1日一人当たりの観光消費額は高い。これは中国に事情に似ているが、都市と農村が近く、日帰りが多く、滞在型が少ない。それゆえ、近隣主要都市や地元周辺の利用客が多いなかでも、顔の見える同士の交流となるリピーター利用が多い。これは日本のグリーン・ツーリズムの第一の特徴と見られる。

農村側の条件から見れば、日本の景観は田畑・集落・里山・森林を主としている。これは大規模畑作と放牧型畜産の農業形態であるヨーロッパの粗放な管理を可能とするヨーロッパ型の農村景観と違い、集約な管理を必要とする。そして、これらの条件を反映したことから生じる最も大きな特徴として、グリーン・ツーリズム施設の経営主体である。日本には春から秋にかけての高温多雨、国土に占める低い可住地面積率、島国で火山国の気候的・地理的特徴あるから(このことと地域経営体であることのつながりが不明)、グリーン・ツーリズム施設の過半数を運営するのは自治体、団体などの出資による第三セクター営、農家グループ営など地域のメンバーによる地域経営体である。

また、日本のグリーン・ツーリズムでは各々の農山漁村が地域の個性や多面的機能を重視している。地域の個性となる素材が、自然・景観・文化などの農業・農村の多面的機能であり、地域特産品や地元の人々の人情である。その中で、農家などの個人経営では、地域の自然・景観・環境・文化の保全・活用と、農畜産物の活用とを重視している。農業法人も含む農家集団のグループ経営では、農業振興の観点から、食材はできる限り地元から調達することと、スタッフはできる限り地元農家から雇用することを重視している。JA(Japan Agricultural Cooperatives、農業協同組合)・第三セクター・市町村などの一般法人組織は、農業振興の観点から、食材はできる限り地元から調達することと、地元の人々と積極的に交流・協力することを重視している。個人経営は多面的機能と自家産特産品、農家集団や一般法人組織は地域特産品や地元の人々の人情というように、いずれも地域の個性を演出するための素材が経営形態により微妙に違うことを示している。

二、グリーン・ツーリズムの発展モデル

1960年代、日本の産業経済の急速な発展により、土地を離れて都市に移住し、労働者となる農家が増えていた。その結果、日本の農村部では農業の高齢化と過剰拡大という深刻な状況が生じた。この問題を解決するため、日本政府は農業の機械化と集積のレベルを向上させる一連の措置を講じてきた。政府の指導と支援により、農村部におけるパートタイム農業の程度も全般的に向上し、多くの農家が野菜、果物、花卉などのパートタイム農業に従事するようになり、園芸や畜産・養殖に転向する農家も出てきた。同時に、経済の急速な発展により、都市部の人々は充実した精神生活に憧れ、より良い余暇の場が増えることを望んでいる。その結果、都市近郊の観光果樹園やレジャー農園など、単純な形態の農村観光が誕生し、急速に発展した。1970年代には、日本の農村(山村を含む)に、専門農場や農園果樹園など、比較的大規模で専門的な農村観光施設が出現し始め、多くの都市生活者が休暇を取るために農村に出かけるようになった。

1980年代に入ると、全国の農村部で民間資本を活用した大規模な農村リゾートやグリーン・ツーリズムの開発がブームとなり、北海道の「農業総合レクリエーション地域」、長崎県の「農業テーマパーク」、熊本県の「オランダ村」と「高齢者農村住宅」など、500人から1000人までの大規模なレジャーリゾートが次々と建設された。21世紀に入り、日本の農泊観光は急速な発展期に入り、多様化・専門化・社会化・ブティック化などの特

色を発揮し、営業範囲もかなり広く、営業成績もますます大きくなり、新たな観光産業の一つとして発展している。その具体的な運営メカニズムと発展モデルは以下の通りである。

一つ目には、観光体験型グリーン・ツーリズム発展モデルである。このモデルの多くは、伝統的な農村に位置している。自然で素朴な農村風景、郷土色豊かな村、美しい景観の水郷、生き生きとした生態園などは、都会暮らしの長い人々にとって非常に魅力的である。

二つ目には、余暇生活型グリーン・ツーリズムの発展モデルである。日本では、美しい田園風景、都会とはまったく異なるレジャー環境、自由で気楽なライフスタイル、静かで穏やかな生活の雰囲気は、いずれも都市部の観光客を惹きつける大きな魅力を持っている。その結果、多くの農山村の農園は、都会の休暇旅行者にとって理想的な場所となっている。

三つ目には、生態健康型グリーン・ツーリズム発展モデルである。このモデルの特徴は、自然を尊重することを強調し、本来の自然資源を十分に利用している。日本では、「エコ健康」グリーン・ツーリズムの最も成功したモデルは温泉観光である。日本には北から南まで2600個所以上の温泉があり、75000個所以上の温泉旅館があり、「温泉王国」といえる。日本の農村温泉観光は、観光客を温泉の中に心身ともに溶け込ませ、独特の温泉文化を感じさせ、観光客に総合的な感覚をもたらし、物心両面の楽しみをもたらすことで、レジャーと健康のユニークな体験を生み出している。

三、グリーン・ツーリズムのブランディング

日本はグリーン・ツーリズムのブランディングを進めている時、伝統的な村の保存に特別な注意を払っている。グリーン・ツーリズムの開発では、基本的にその伝統的な建築様式の維持のもとで、現代生活の住民が必要とする基本的な機能を満たすための内部改修を行い、村の住民がま

だその中で生活しているようにしている。伝統建築の集落としては、宝形造りの家屋がユネスコの世界遺産に登録された白川郷の荻町地区や、茅葺き民家が多く残る京都府美山町の美山自然文化村などが有名である。

日本におけるグリーン・ツーリズムのブランド育成の道筋は、主に行政が指導し、各農協や研究機関が具体的な業務に取り組み、企業や事業者が導入し、さらに農家が連携していく取り組みである。このモデルは基本的に農業生産資源をベースにしており、農産物は郷、町などで生産され、企業が参加し、ブランド化ルートに従っている。地域の農業生産資源を統合・発展させることで、地域の特色を生かした農業ブランドを創造し、農業ブランド製品のマーケティング・プロモーションを通じ、特色あるグリーン・ツーリズムのブランドを創造する。

同時に、グリーン・ツーリズムのブランドの影響力は、地域の農村ブランドや農業ブランドの知名度向上にもつながり、ブランド間の積極的な相互作用を実現することで、農家や参加企業の収入向上、農村の生産手段のさらなる最適化と配分、あらゆるレベルの政府の財政収入とイメージの向上につながる。これらの経験を総合すると、以下の3つの分野にまとめることができる。

1. 商品の特色へのこだわり

グリーン・ツーリズムは、まず「郷村」という明白な特徴を持つべきであり、グリーン・ツーリズムの商品開発とブランド化の過程において、「郷村」というキーワードを強調しなければならない。もし郷村が本来の特徴を失えば、ミニチュアの都市になってしまい、適切な投資を誘致し、都市観光客の差別化を求めることが難しくなる。郷村という文脈では、田舎観光の特色を地域の状況に応じて発展させる必要がある。例えば、日本の大分県の「一村一品」のように、それぞれの村が独自のブランドを確立しながら、他の村とは一線を画している。グリーン・ツーリズム商品に特徴があればこそ、観光客を惹きつけ、悪質な競争を避け、商品の活力を維持することができる(Knight 1996)。

2. 産業集積への注目

日本では、グリーン・ツーリズムとその関連企業は、地域の文化的・資源的特性から出発し、農村観光客の観光消費ニーズを満たし、グリーン・ツーリズムサービス産業チェーンを革新し、派生させるために、互いにネットワーク化し、相互作用しており、農村観光産業クラスターの発展は、日本のグリーン・ツーリズムの持続可能な発展を促進する鍵(雷鳴・潘勇輝 2010)となっている。例えば、日本の北海道中札内村では、農村ブランド、グリーン・ツーリズムブランドを整然と構築・推進し、最終的にブランドの相乗効果を形成することで、地域のグリーン・ツーリズムブランドが強い競争力を持ち、このような垂直型産業クラスターも一種の発展方向となっている。

3. 持続可能な発展への配慮

観光を推進する前に農業を発展させるというモデルにより、日本のグリーン・ツーリズムは、科学的な農業生産を回復させながら、生態系リサイクルや低炭素経済建設を非常に重視しており、農村の自然環境や人文環境を最大限に保護しながら生態系環境を保護している。

第3節　グリーン・ツーリズムと農村の内発的発展

日本交通公社は日本のグリーン・ツーリズムをおおむね都市近郊に多く見られる「農林業公園型」、日本全国的に展開している農林水産物資源を活用した「食文化型」、中山間地域で多い「農村景観・ふるさと定住型」、農林水産業や農村環境をテーマにした「生涯学習型」の4つのタイプに分けている。21ふるさと京都塾(1998)はグリーン・ツーリズムのタイプを以下の図3–1のようにまとめた。

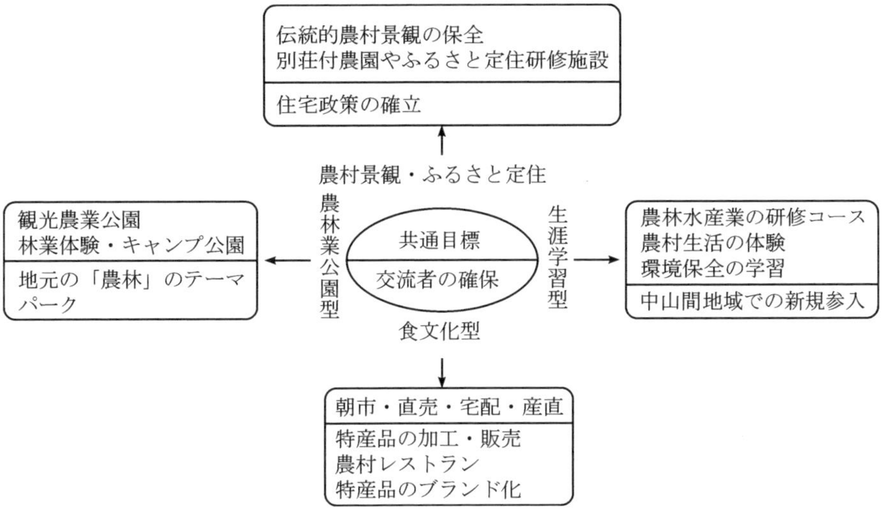

図3–1　グリーン・ツーリズムのタイプ

原田・十代(2011)はグリーン・ツーリズムの実態をより正確に把握するために、日本の農村地域でグリーン・ツーリズムの類型調査を行った。その結果、取り組みとして現在日本のグリーン・ツーリズムを大きく9つの取り組みタイプに分けた(表3–2)。

表3–2　グリーン・ツーリズムの取り組みメニューの分類

取り組みタイプ	取り組みメニューとその内容	
学習会	山村留学	山村留学を実施する
	自然教室	自然教室・自然観察会などを実施する
	修学旅行	就学旅行・実習を受け入れる
体験型	収穫体験	果樹などの収穫体験をさせる
	農業体験	農林漁業体験をさせる
	加工体験	農林水産物の加工・調理体験をさせる

続　表

取り組みタイプ	取り組みメニューとその内容	
体験型	工芸体験	工芸体験をさせる
	文化体験	伝統的文化・行事を体験させる
もてなし型	農家民泊	農家民泊・ファームステイを実施する
	村内めぐり	村内めぐり・祭りの見学を実施する
	交流会	交流会・懇親会を開催する
	郷土料理	郷土料理などを提供する
物販・イベント型	地元イベント	地元イベント・大会を実施する
	都市イベント	都市でのイベント・物産展に出展する
	特産品販売	特産品・地場産品を地元で販売する
顧客型	特産品宅配	特産品・地場産品を宅配する
	広報送付	広報・PR(Public Relations)パンフレットを送付・配布する
	オーナー	田畑・樹木などのオーナーになってもらう
体験施設型	貸し農園	貸し農園・クラインガルテンを整備・運営する
	体験施設	体験施設を整備・運営する
一般施設型	宿泊施設	宿泊施設を整備・運営する
	物販施設	物産販売施設を整備・運営する
	飲食施設	飲食施設を整備・運営する
観光施設型	レジャー施設	レジャー施設を整備・運営する
	休憩施設	休憩・休養施設を整備・運営する
	文化施設	文化施設を整備・運営する
施設活用型	空家利用	空家・廃校などを利用する

以上示されるように、日本のグリーン・ツーリズムは多種多様に展開している。そして、地域におけるグリーン・ツーリズムを3つの発展段階

にまとめた(図3−2)。

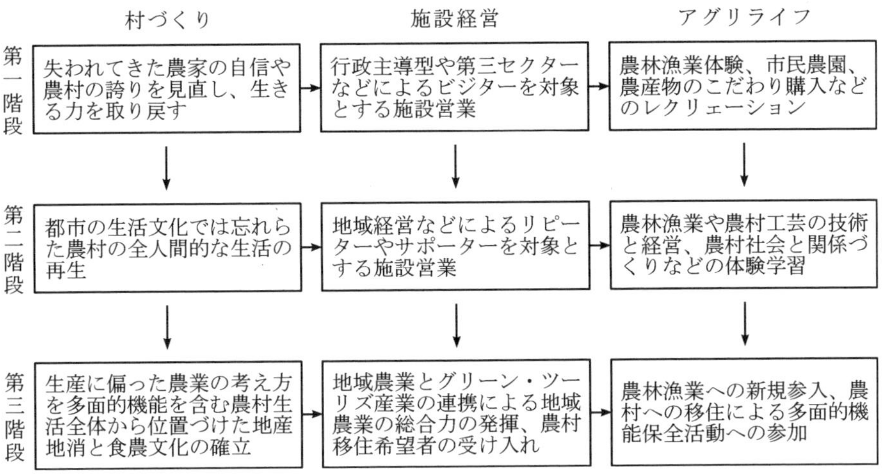
村づくり
施設経営
アグリライフ
第一階段
失われてきた農家の自信や農村の誇りを見直し、生きる力を取り戻す
行政主導型や第三セクターなどによるビジターを対象とする施設営業
農林漁業体験、市民農園、農産物のこだわり購入などのレクリエーション
第二階段
都市の生活文化では忘れられた農村の全人間的な生活の再生
地域経営などによるリピーターやサポーターを対象とする施設営業
農林漁業や農村工芸の技術と経営、農村社会と関係づくりなどの体験学習
第三階段
生産に偏った農業の考え方を多面的機能を含む農村生活全体から位置づけた地産地消と食農文化の確立
地域農業とグリーン・ツーリズ産業の連携による地域農業の総合力の発揮、農村移住希望者の受け入れ
農林漁業への新規参入、農村への移住による多面的機能保全活動への参加

図3−2　農村の村づくりと都市住民のアグリライフの発展段階

第一段階では、農村住民の村づくりの多くは過疎化と高齢化により失われてきた農家の自信や農村の誇りを見直し、農産物直売、朝市、農業物加工、景観・自然・文化の保全などに取り組み、生きる力を取り戻す活動である。グリーン・ツーリズム施設は、農家や住民の活力が低いことから、行政主導型や第三セクターなどにより運営され、通過型のビジターを主な対象に経営される。また、第一段階の都市住民のアグリライフは、農林漁業体験、市民農園、農産物のこだわり購入などのアウトドア型のレクリエーション活動が中心となる。第一段階の村づくり、施設経営、アグリライフはグリーン・ツーリズムの入門段階である。

第二段階では、農村の村づくりでは、都市住民との交流の中から農家の自信や農村の誇りが回復し、都市の生活文化では忘れられた農村の全人間的な生活を積極的に再生する活動が中心となる。即ち、農業・農村のマイナス評価が転じ、プラス志向のもとで、多面的機能の保全やグリーン・ツーリズムに取り組むようになる。グリーン・ツーリズム施設経営では、農家営や農家グループ営、集落営などの経営体が増加し、地域経営体などによるリピーターやサポーターを対象とする事業運営が中心となる。都市住民のアグリライフも成長段階となり、農林漁業や農村工芸の技術と経営に関する学習、農村社会との関係づくりなどの体験学習を希望し、積極的に農業・農村とのかかわりを持つ人々が増加する。

第三段階では、成熟段階になる。農村住民の村づくりは、都市住民の農業・農村へのニーズを踏まえ、農業の長所と短所を考え、生産に偏った農業を多面的機能も含む農村生活全体から位置づけなおし、農産物の地産地消や農村の中で食と農が結びついた食農文化の確立を目指すようになる。グリーン・ツーリズム施設経営は、地域農業とグリーン・ツーリズム産業の連携を強化し、地域農業の総合力を発揮する目的で運営される。農村移住希望者の受け入れ態勢も充実する。この段階の都市住民のアグリライフは、都市から農村への移住により新しいライフスタイル(生き方)を完成させる段階である。農林漁業への新規参入や、農村への移住により集落共同活動や里山保全活動などの多面的機能保全活動への参加といった農村移住によりアグリライフを実現する都市住民は、今後増加すると推定できる。

日本では、農村と都市の一体的な開発の推進を支援するため、様々な公共政策が実施されている。特に、農村の活性化、都市と農村の共生、農村観光などのプロジェクトを、主に補助金(財政補助)の形で実施されている。補助金政策は、特定のプロジェクト・カテゴリーに応じて補助率や上限を設定すると同時に、プロジェクトの実施期間を制限し、都市と農村の交流促進を通じて農村経済や都市と農村の融合を促進するものである。政策資金の有効性を確保するため、各金融助成プログラムは影響評価に合格することが義務付けられている。さらに、日本当局は定期的に第三者による専門家評価委員会を組織し、プロジェクト実施の効果について包括的な評価を行っている。

一、農村活性化プロジェクトに関する財政補助政策

日本の「農山漁村活性化」とは、農山漁村の機能的価値を高めつつ、多様化する社会ニーズに対応するため、地域固有の資源や農家の創意工夫を生かした特産品を開発するプロジェクトである。総務省、農林水産省、経済産業省、国土交通省など日本の行政機関が資金を提供している。2007年に農林水産省が創設した「農山漁村活性化事業支援交付金」はその代表例で、主に村民の創造性を刺激する村おこし事業を支援する国の補助政策である。村の活性化は、地域住民の住みやすい生活環境の形成、農山漁村に対する国民の理解と支援の拡大、村の活力の向上と持続可能な村づくりの推進につながる。

2022年、日本の農村活性化のための財政予算は90億円を超え、財源による活動のカバー率は50%、あるいはこの比率を超える可能性があり、農業経営体の投資意欲を大いに高める。農村活性化の建設過程では、農家レストランや特別展など、地域の特色を生かした事業が数多く生まれており、経済発展、雇用、文化建設、公共サービスなど、地域社会が抱える様々な問題の解決にも役立っている。また、活動の効果を担保し、事後評価を容易にするため、補助金交付方針では、農業体験・定住促進活動への参加者数、SNS(Social Networking Service、ソーシャル・ネットワーキング・サービス)レポートや記事の投稿数など、具体的な内容や目的に応じて異なる定量的指標に基づき、活動の効果を評価する必要がある。事業終了時には、農林水産省が推進に向けた優良事例を選定し、定量的な指標を公表する。農村活性化プロジェクトの全過程を支援することで、農村主体の投資意欲と創造性を刺激することができる。

二、都市と農村の共生・対流に関連する財政補助政策

都市と農村の共生・対流総合管理交付金政策は、村、自治体、NPOなど様々な主体が一体となった集落コンソーシアムを対象に実施される。集落コンソーシアムは、行政の関係部局と連携し、集落の農林漁業の発展や特色を生かした観光、飲食、体験教育など様々な事業を実施し、農山漁村の所得や雇用を拡大することで、都市と農林漁業の共生・交流を促進し、農林漁業の活性化を図る(顾鸿雁 2020)。日本の都市農山漁村共生・対流交付金政策は、都市農山漁村連携の推進、人材導入、施設整備、情報基盤の構築と情報活用の4本柱で構成されている。この補助政策は、都市と農村の協力促進を政策目標とし、施設、人材、情報ハード・ソフトの建設を制度的保障とすることで、都市と農村の融合と発展を効果的に推進することを目的としている。

三、農村観光産業に関する財政補助政策

近年、日本の農泊は比較的急速に発展し、農村部における新たなビジネスとなっている。都市と農村の共生と一体的な発展を促進するため、日本政府は、農山漁村の固有の資源を活用して観光客を誘致し、その地域に滞在・生活・体験してもらい、観光客の農山漁村での旅行と消費を促進するため、農泊を支援する一連の政策を策定した。グリーン・ツーリズムの発展は、農村の活力を向上させ、農家の所得を増加させるとともに、都市住民の農村生活への理解を促進し、非農家人口が定住するために農村に移住する動機を与え、アグロパークが都市と農村の新たな統合・発展地点となることを促進し、より高いレベルの都市農村共生交流を実現することができる(郭笑然等 2020)。日本の財務省のデータによると、グリーン・ツーリズム開発プロジェクトの財政予算は、2017年の50億円か

ら2018年には75億円に増加し、2022年には98億円にさらに増加する（金玉实・高洁・潘永涛 2020）。2025年までに、農村と都市の人々の交流規模は累積で1540万人増加すると予想されている（農林水産省 2023）。

第4章

日本型グリーン・ツーリズムの事例

第1節　「ふるさと村」と「健康村」を作る

1950年代から1970年代にかけて、日本政府は人口や世帯の激減、地理的な高齢化、経済の縮小、生活への納得感の低さといった特徴を含む「過疎地域」という概念を導入した。この社会問題に対処するため、日本政府は一連の施策を採用しており、その中でも都市農村交流政策は重要な取り組みの一つである。川場村は群馬県北部に位置し、面積85.25平方キロメートル、村の88%が森林で、7%が耕地である。1960年代以降、川場村は衰退の一途をたどり、1971年には日本政府によって「過疎地域」と認定された。この状況を打開するため、川場村は1975年に「農業と観光」を基本戦略とし、1981年には東京都世田谷区と姉妹提携を結び、都市と農村の交流を充実させた。群馬県川場村と東京都世田谷区の「縁組協定」は都市と農村関係の再構築の成功例といえる。

一、実施の経緯

都市と農山村の交流としては都市側からの働きかけが珍しい。その実施の経緯としては、区民のふるさとと志向への憧れと川場村の活性化の需要をきっかけとしている。かつては、東京近郊の田園地帯として歌われた世田谷区も、80万都市としてそのほとんどが市街化し、発展してきた。その結果、利便性が向上した反面、自然の喪失や公害、交通や人口過密の流動など、様々な問題が顕著になってきた。

その一方で、より豊かな自然、余暇時間の増大や健康増進に対する関心などが、区民ニーズとして表れるようになってきた。例えば、区内では求めがたい自然の中で、動植物に接する機会、農作物を育てて収穫を喜ぶ体験、時間や場所に制約されない野外活動や創作活動、人間らしい生き方を取り戻す場所、ふるさと的な自然環境を求める声を、都会は農山村に求めなければならなかった。そのような背景により、都市が農山村に多くのものを一方的に求めるのではなく、双方が補い合って地域活性化を図り、それぞれの住民が交流を深めながら「第2のふるさと」づくりを目指した。

川場村は、上州武尊山の南麓に位置する、水と緑が豊かな田園地帯である。1970年代から過疎化が急激に進んでいるため、1970年から田園休暇村事業に着手し、基幹産業の農業に観光を付加した「農業プラス観光」を基本に地域活性化の方向を見いだそうとした。1977年開設のホテルSL（Steam Locomotive、D51機関車に寝台列車を連結）、自然休養村管理センター、レストハウスなど、役場周辺の整備を行い、観光の受け皿を整えていった。また、農業では、中山間地域特有の耕作地の狭さを解消すべく、県営場整備事業にも着手し、農業振興にも力を入れていった。

この農業振興策が功を奏したか、豊かな自然とのどかな田園風景が維持されることとなる。同時期に区民健康村づくりについての情報ももたらされ、村の方針に合致するとともに活性化に直結することから積極的に受け入れることなった。

1979年4月に策定された、世田谷区基本計画（10年計画）における重点事業の一つとしての区民健康村づくり事業の基本的な考えは、豊かな自然と田園に恵まれた農山村自治体との連携のもとに、区民が「ふるさと感」を味わい、健康的な余暇時間を過ごせる施設を設定するとともに、自治体同士・住民同士の交流により相互の地域活性化を図ろうとするものであった。

当面の取り組みは、候補地を選定して取得することである。プロジェクト・チームを編成し、区民の意見を取り入れながら計画を作成し、相手方自治体及び住民との様々な相互交流策を検討する一一としている。

これを受け、区民健康村づくり計画策定プロジェクト・チーム(以下、「健康村PT」という)が、1979年11月に区内在住の研究者・コンサルタント4名(建築計画、地域計画)と、世田谷区の企画、施設計画、営繕、青少年対策各部門と教育委員会の課長級の6人で発足した翌3月には、健康村PTは基本的な構図を描いた。その後の構想、計画の骨子となった。そのPTの報告書は4つの部分から構成されている。まずは相応しい環境と活動である。例えば、宿泊施設は、大規模のもの、小規模のもの、キャンプ場や地元の民宿など多様な組み合わせを考えるべきである。次は位置について、ふさわしい環境を考えた場合、近いところでまとまった用地は求めてにくく、とくに臨海地にあるいは温泉を条件として適地を求めることには相当無理があるが、高速鉄道、高速自動車の整備・開通による行動圏の拡大は考慮しておく必要がある。そして、建設資金の調達にあたっては、地方の環境整備、公共施設整備のための国の制度・事業の活用や、参加意識を高める観点から区民債あるいは民間資金の導入などを合わせて感合えるべきである。最後は相手自治体との関係については相互に信義を重んずる「自治体同士の縁組」を結んで立村すべきである。

二、候補地の選定と施設の建設

候補地選定作業を踏まえ、1981年5月、世田谷区長は川場村長に対し、川場村を第一候補地として、区民健康村など建設特別委員会も川場村を最有力候補地と決定した。各都県に依頼した候補地推薦から1年5ヶ月の時間を費やし、綿密な調査、各方面への丁寧な説明を済ませ、11月に川場村と区民健康村相互協力に関する協定(縁組協定)を締結、翌12月には相互協力に関する覚書を交換し、区民健康村づくり事業が川場村を舞台に展開される協定書に集約されている。

健康村の活動の処点施設の整備も進められていった。1983年6月に、施設建設に伴う諸問題、交流事業の推進、川場村環境保全対策につき、協議・合意するための両自治体の関係者からなる「健康村推進会議」を設置した。施設は、大規模土地開発条例の群馬県協議、農地転用などをクリアし、1984年にようやく着工した。

さて、本格的な開村を控えて大きな課題は、健康村の運営体制であった。施設の維持管理や利用者サービスに対応しうる組織でなければならない。推進会議で検討を重ね、行政の補完的役割を果たす地方公社、地場産品の堀り起こし、地元雇用の拡大を目的に、(株)世田谷川場ふるさと公社が、両自治体の共同出資より、1961年4月に設立された。また、「移動教室」のプログラムの目玉である。農作業の体験の指導する人材として、老人クラブにより、指導者バンクが形成された。施設の整備や運営体制の整備により、交流事業がようやくスタートした。

三、変遷と交流事業

世田谷区と川場村の都市と山村の交流活動は、今、新な段階へ入ろうとしている。人と人の出会いがこのように発展してきたこと、双方の知恵の結集である縁組の効果である。世田谷区と川場村事業の歩みとしては、2つの段階から見てみよう。

1. 第1段階(1981～1990年):地方は都市をサービスする

1981年、世田谷区と川場村は「区民健康村相互協力協定」を締結し、都市と農村の交流を正式に開始していた。1986年、都市と農村の共生の主体として「世田谷区川場ふるさとコミューン」が設立された。この段階では、主に都市住民のための施設を建設し、活動を組織していた。

「ふじやまビレジ」と「移動教室」はこの段階の成果である。「ふじやまビレジ」は川場村の北谷に位置し、自然環境と調和したシンプルで優美な建築様式で、美しく整備された施設である。「ふじやまビレジ」は、都会人の癒しや自然体験活動の場としてだけでなく、川場村の農産物や工芸品の販売センター、都会人の田舎への窓口としての役割も担っている。そして、「移動教室」は1986年から、健康村を拠点に、5月中旬から11月上旬にかけて世田谷区立小学校全校(64校)の5年生全員参加(延べ利用人員17511人、1989年実績)の受け入れを行っている。この「移動教室」で、農業体験や郷土料理教室など、何種類ものプログラムより学校側がチョイスする仕組みがある。また、各種体験の指導では、指導者バンクをはじめ、多くの村民がその役割を担っている。一般区民向けにも、健康村登山ツアー、和紙造形大学などのプログラムも用意されている。以下、プログラムを紹介する(表4-1と表4-2)。

表4-1　「移動教室」のプログラム

プログラム	サブタイトル	内容
カントリーガイドウォーク	のんびり気ままにカントリーウォーク	村内や森の中をハイキングしたり、低登山するなど、自然を楽しむ
ナイトハイクツアー	夜の森はドキドキ・ワクワク	森の生き物たちは、夜が大好き!もしかしたら森の動物たちに逢えるかも?不思議な魅力に満ちた夜の森をご案内する
環境活動体験	自然の仕組みを理解しよう	自然の仕組みを理解し、自然の中で汗を流すと、ほらっ自然の素晴らしさが見えてくるはず。この活動の目的は、自然や森を守るため

続　表

プログラム	サブタイトル	内容
田舎料理	川場村の田舎料理は美味しいぞ	川場村の名産品、生芋から作るコンニャクや地場の山菜や野菜を盛り込んだお焼きづくり、美しい川で育ったマスのつかみ取りと塩焼きなど自然の恵みを堪能できるプログラム
インドアプログラム	天候に左右されないプログラム	・室内でのネイチャーゲーム ・ネイチャークラフト体験 ・川場村の歴地、文化、農林業などの講話
オーダーメイドプログラム	こんな活動してみたい!	学校独自で、こんな活動してみたい。体調などの関係で登山などの活動ができない子供たちに川場村での楽しみを行ってほしい。など学校のニーズに沿った内容で公社の専門スタッフが応える

表4-2　一般区民と村民へ向けのメニュー

メニュー	内容
木ごころ塾木工教室	森林組合の指導のもと、川場村の木材を使用した年6回の本格的な木工教室である。こだわりは、板一枚から、手道具や木工機械を使って一つ一つ部品を切り出す
世田谷和紙造形大学	伝統的な流し漉きの技法を応用し、かたち(造形)と色彩を加えながら、和紙造形作品を制作する
フライフィッシング	フライフィッシングとは、西洋で始まった釣りで、鳥の羽などを虫に模して作った毛ばりを使う。世田谷区内でタイイング(毛ばりづくりやキャスティングを学んだあと、その毛ばりを使ってフライフィッシングを行う
日帰りバスツアー	リンゴやブドウ、ブルーベリーといった果実の収穫や、採りたての新鮮なトマト・キュウリ、地酒など地場産品の買い物、花が咲き誇るお寺めぐり、のんびりとした田園風景を楽しむ村内観光、温泉入浴など、四季折々の川場の魅力を日帰りで満喫できる
健康村登山ツアー	日本百名山の一つ武尊山に登る

続　表

メニュー	内容
地域環境プログラム	川場の暮らしや自然をガイドする。夏休み、冬休みなどクラフト、伝統工芸の魅力を体験したり、健康村を利用される団体や皆様からの要望に合わせた環境学習など、様々なプログラムを用意している
ふるさとパック	川場村で収穫された新鮮で安心・安全な農作物や加工食品を旬の時期にお届けする産地直送便
区民健康村友の会	川場村や健康村をよりいっそう楽しんでいただくため、区民健康村友の会は、年4回の会報のお届けと、会員限定のイベントや地場産品の限定販売などを行っている

2. 第2段階(1991年～現在):都市と農村の相互扶助による共同村づくり

1991年、縁組協定10周年を記念し、川場村と世田谷区ではこれからの交流事業の方向性を示すものとして新たに「友好の森事業に関する相互協力協定」を締結した。これは都市と農村の交流が新たな段階に入ったことを示している。世田谷区、川場村と森林地権者は、80ヘクタールの森林地帯で森林保全などに協力しており、2005年には、文化交流や農産物のブランド化など、より包括的な都市と農村の協力の目標を定めた「共同宣言」を発表した。

①文化交流事業の推進。川場村の児童や村民に、世田谷美術館が主催する様々な事業に参加させ、芸術に接する機会を提供するとともに、文化をフィールドにした区民と村民の新たな出会いを創出する。

②後山の整備事業(里山)。友好の森の成果を踏まえ、やま(森林)づくり塾の活動フィールドを川場村の象徴的里山である「後山」に拡大し、森林保全・育成事業を行う。

③川場農産物のブランド化の推進。安全な農作物の区内への流通促進を目指すため、農産物のブランド化と販売経路の確立を図り、川場村と世

田谷区の新たな産業振興につなげる。

④農業塾の開設。村内の遊休地化した田畑を農作業場所として提供し、農家の指導のもと種まき、育て、収穫するまでの一連の農作業を体験させる。田園風景の保全につなげる。また、遊休地をレンタル農園とし、農業塾修了者に提供することを計画する。

⑤茅葺塾の開設。茅場づくりや茅葺屋根の補修などに村民・区民が協働で参加し、田園風景の保全に向けた意識を高め、建築物の保存・再生を推進する。

これらの事業のねらいは、「遊休農地の活用」「少子高齢化対策」「農山村の魅力づくり」「安心安全な農産物の提供」「景観の保全」「森林環境保全」「多様な価値観との出会いの創出」などがある。その他「地球温暖化防止」「水源圏の維持」「生物多様化の保護」など地球規模的なねらいもある。

2007年以降、「友好の森」プログラムの成功に基づき、「バックヤード準備プログラム」や「農林業再生プロジェクト」など、一連の都市と農村の協力活動が開始された。当初の参加者に加え、環境企業やボランティア団体もプロジェクトに参加し、村づくりに新たな活力を注入している。さらに、各方面からの支援金が合理的に配分されたことも、農村プロジェクトに重要な推進力を与えている。

2006年、共同宣言を積極的に推進するため、健康村里山自然学校を開校した。

この取組は、交流事業の一体的な活動を展開しようとするもので、友好の森事業の考え方に基づき、区民・村民の共通の財産である川場村の自然を協働で守り、育て、後世に住みよい環境を残すことをねらいとしている。総じて見れば、世田谷区と川場村の交流事業の歩みは表4-3のように見られる。

表 4-3　世田谷区と川場村の交流事業の歩み

時間	交流事業の内容
1975年7月	農業プラス観光を村づくりの基本とする、ホテルSL整備など、自然体養村事業開始
1981年5月	世田谷区長より、川場村長へ健康村づくりの協力依頼
1981年7月	川場村役場に企画財政課新設
1981年11月	区民健康村相互協力の締結
1981年12月	区内でのPR活動と産直農産物の即売
1982年3月	交流事業への参加者募集
1982年3月	旬のおいしさを世田谷区へふるさとパックの募集
1982年5月	農作業を通して交流を区と村が共同で田植え
1982年5月	自分のリンゴの木を持つ喜びレンタアップル
1982年5月	新鮮な素材で手作り食品学校
1982年7月	第一回ふるさとと村民まつり開催
1982年7月	世田谷区民まつりに初参加
1982年8月	区と村の子供たちが合同川場村「森のキャンプ」実施
1982年8月	新たな校外学習を移動教室の予備活動開始
1982年11月	上越新幹線開通
1983年6月	区民健康村事業推進委員会議設置
1984年3月	川場小学校と千歳台小学校の姉妹校交流成立
1984年4月	カナダ・ウィニペグ市の中学生が初めて川場村訪問
1985年2月	山村留学開始
1985年3月	青年の交流会開催高校生のスキー交流がスタート
1985年6月	ゲートボール交流
1985年7月	森林の中での活動森林ボランティア

続　表

時間	交流事業の内容
1985年10月	青年たちのつどい
1985年10月	関越自動車開通
1986年4月	世田谷区民健康村供用開始
1986年4月	特色ある移動教室を目指して農作業体験
1986年7月	農産物直売所・加工所開設
1986年7月	朝市の開催
1986年10月	森林組合「みみずく工房」設置
1986年11月	文化交流「ふれあいコンサート」開催
1987年4月	日常から離れての創作活動世田谷和紙造形大学
1987年8月	夏の学校
1987年11月	世田谷美術館から川場村へ森美術展と森の書展
1988年3月	手作りの楽しさを求めてみそ・そばの会
1988年7月	主要地方道平川沼田線開通
1988年3月	健康村の出来事や村の様子「健康村新聞」
1988年3月	村制100周年記念事業、文化会館落成
1988年3月	川場スキー場オープン
1990年6月	村道生品下り線着手
1991年	川場村・世田谷区縁組協定10周年を迎える
1992年1月	友好の森建設協定調印
1992年4月	川場村美しい村づくり条例施行
1993年4月	株式会社田園プラザ川場設立
1994年3月	川場村簡易水道「金山浄水場」新設
1994年8月	世田谷区民祭りに「上州武尊太鼓連」初参加

続　表

時間	交流事業の内容
1995年3月	川場村営住宅(4戸)完成
1995年6月	「友好の森」を育むやま(森林)づくり塾
1995年7月	災害時における相互援助協定締結
1996年5月	ふれあい橋(つり橋)着工
1997年5月	荻室の獅子舞30年ぶり復活
1998年5月	第49回全国植樹祭開催
1998年12月	桜川「水辺の楽校推進協議会」発足
1999年6月	森のむら・森の学校オープン式典
1999年10月	国際森林会議開催
2000年4月	川場村過疎地域からの脱却
2001年7月	ブルーベリー全国大会開催
2001年8月	区民健康村利用者100万人達成
2002年1月	川場村と世田谷区の合併案発表
2002年10月	森林フェスティバル場・世田谷
2003年1月	「市町村合併説明会」で、川場村は自立路線を表明
2004年6月	広がる交流第1回世田谷川場還暦野球交流開催
2005年5月	64年ぶり「田植え式」を実施
2005年7月	「川場・世田谷交流における共同宣言」発表
2006年5月	交流がもたらした尾瀬行き高速バスが川場村に停留所を設置
2006年7月	健康村里山自然学校開校
2006年10月	第1回鑑賞教室を世田谷美術館で実施
2007年7月	友好の森から全村へ 後山整備計画が地域再生計画に認定
2007年11月	地方自治法施行60週年記念式典で総務大臣表彰
2008年3月	「後山の森林づくりとレクリエーションの森の使用協定」の締結

続　表

時間	交流事業の内容
2009年2月	区民健康村利用者150万人達成
2010年6月	食文化の交流漱石の糠床分与式
2010年10月	育樹祭で森林の大切さを全国に発信 皇太子殿下川場村を行啓
2011年6月	縁組協定30周年記念事業「縁人」企画による田んぼアート
2015年	世田谷トラストまちづくりが行っている喜多見地域竹山緑地の保全整備には川場村からも参加
2016年	川場村における自然エネルギー活用による発電事業に関する連携・協力協定が締結された
2017年	川場村の森林資源を活用し、木質バイオマス発電所で発電した電力を世田谷区民40世帯に供給する連携事業も開始
2018年8月	ふじやまビレジにて新温浴施設「せせらぎの湯」がオープン、川場の四季の移ろいを楽しみながら入浴でき、宿泊者や観光客だけでなく、地元の方からも大変親しまれている
2020年	ふじやまビレジにて木質バイオマスボイラーの運用が開始
2021年	世田谷区・川場村縁組協定40周年

川場村における交流事業はふるさと公社・世田谷区・学校の強い連携の上で順調に展開している。毎月お互いの間を行き来し、事業に関する検証などを行い、常に新しいアイディアを生み出している。2つの段階の開発を経て、川場村は朽ち果てた「過疎地域」から、農業と観光を主要産業とする持続可能で魅力的なふるさとへと変貌を遂げた。人口規模、就業者数、観光客数の面で大きな変化が起きている。これは都市と農村の交流の成果ともいえる。また、農村建設の目標も、農村経済の発展から、自然環境の保護に焦点を当てた持続可能な発展戦略へと徐々に変化している。これは「農業プラス観光」と「第2のふるさと」日本型グリーン・ツーリズムの典型的な成功例とはいえるであろう。

第2節　農泊の推進

日本型グリーン・ツーリズムのもう一つの興味深い実践は、農村民泊である。日本政府が農泊に改めて着目する背景には、外国人観光客のニーズに広がりが見られることもある。従来の東京から大阪を結ぶゴールデンルートでの観光に飽き足らず、様々な日本の文化を体験することを求める、いわゆる「コト消費」のニーズが増えている。特に新型コロナの感染拡大以来、農泊は、過疎化により苦しむ地方活性化の切り札としてコロナ禍でも期待されている。そこで、2021年度に4つの事業が実施された。

まず、農泊推進事業・人材活用事業は、農泊の肝である「付加価値の高い体験ができる環境」を構築するためにかかる費用を支援する制度である。農泊推進事業では、地域協議会の設立や運営、地域資源を活かした体験プログラム・食事メニュー開発などに対し、2年間にわたって500万円まで交付が受けられた。一方、人材活用事業は農泊推進事業と併せて実施することを条件に、その取り組みの実現に必要な人材の雇用などにかかる費用を2年間、250万円まで支援してくれる制度である。いずれも農泊のスタートアップをサポートしてくれる事業で、ソフト面の充実に使うことを目的としている。

次は、農泊地域高度化促進事業である。これは農泊推進事業・人材活用事業を実施して完了し、観光客を受け入れる体制が整った地域のみを対象にした制度である。ソフト面がある程度機能し始めた地域に対し、さらに魅力を高める工夫をした場合に支給される。具体的には、Wi-Fiの設置や多言語対応といった「インバウンド対応」のほか、地域の伝統行事を活かした体験プログラムなどが含まれる「高付加価値対応（食・景観)」、コロナ対策を含むオフィス環境整備などの「ワーケーション対応」が挙げられている。事業実施期間はいずれも2年間であるが、交付率や上限額が異なる。

施設整備事業では、宿泊施設や農家レストラン、交流施設といった整備にかかる経費など、農泊のハード面を支えている。具体的には、古民家などを活用した滞在施設の整備にかかる費用を支援する市町村・中核法人実施型と、既存の宿泊施設の改修にかかる経費を支援する農家民泊経営者など実施型の2つの制度から成り立っている。施設整備事業は新設だけでなく、空き家や廃校舎といった遊休施設の改修(一定条件を満たせば、上限1億円)に適用される点も魅力である。

現在日本全国では多様な農泊を取り組んでいる。総じて見れば、主に「民間企業主導型」「インバンド受け入れ体制整備」「地域資源の活用」「JAグループによる農泊推進」「地域連携DMOとの連携」「教育旅行の発展型」「渚泊による振興」「古民家の活用、泊食分離」「広域連携」の9タイプがある。本書では、グリーン・ツーリズム発祥の地と呼ばれている大分県北部の山あいの盆地に位置する宇佐市安心院町と伊那市農泊を代表例として紹介する。

安心院町は面積147.17平方キロメートルの農山村で、主要な産業は米やブドウなどの農業である。安心院町のグリーン・ツーリズム実践の端緒は、1992年に発足した「アグリツーリズム研究会」にあり、農家中心の8戸で、主体的な農産物の価格設定の方法や、消費者との交流を中心的な課題として、観光・交流農園や産地直送、農家民泊などの研究を重ねた。しかし、「アグリ」では農家しか実践できないという疑問から、非農家を含む地域住民全体で農村や農業の新しい姿を考えようという思いで、1996年に「安心院町グリーン・ツーリズム研究会」(以下、「GT研」という)に改称し、30人の会員で新な取り組みに発展することになったのである。

この展開は、「農泊」が農村民宿でも農家民泊でもなく、農村民泊(以下、「農泊」という)として規定されていることにも通ずる。いわゆる「グリーン」の概念に秘められた、広がりと深まりへの認識のもとで、安心院町の実践が、まさに地域全体の連携への志向をもって開始されたのである。「GT研」設立によって、安心院町の実践は急速に展開を見せる。1997年3月には、「グリーン・ツーリズム整備構想」が策定され、同3月には、町議会の「グリーン・ツーリズム特別委員会報告書」に基づき、町議会が「グリーン・ツーリズム取り組み宣言」を採択し、町役場の正面に宣言を周知するステンレス製の記念碑が設置された。ここでグリーン・ツーリズムが、町の重要施策と位置づけられ、長期的な取り組みをすることが明記されている。おそらくこうした宣言が議会で採択されたのは、安心院町が全国で最初と見られている。ここでも、「地域経営視点からの農村の自立・活性化」「環境保全に配慮した安心院らしい景観づくり」「施設整備、女性の関与、情報発信などに配慮した交流基盤の整備」といった明確なグリーン・ツーリズム推進理念が謳われている。

2000年に、全国で初めての「グリーン・ツーリズム推進係」が、専従職員をもって誕生したのである。その後、水産省も遅れまきながら「グリーン・ツーリズム推進室」を設置することになるのである。ここに至って、安心院町の実践は、住民主導の運動から、住民・行政・議会の三位一体の運動へと昇華し、運動の深まりと広がりが急を遂げることになる。その最も大きな成果が、農泊方式の社会的認知を通した規制緩和の実現である。

安心院町のグリーン・ツーリズム実践の特質を一言でいえば、「身の丈の確かな段階的実践」に尽きよう。「農泊」を2003年に常時受け入れているのは、町内の非農家を含む15戸の家であるが、その中には、専業農家から兼業農家、そして非農家まで、実に様々で、いずれも個性豊かな体験を楽しめる。周知のように、現在の農家や民家が交流活動で他人を泊める場合、「旅館業法」に基づく「簡易宿所」の許可を管轄保健所から受けることが原則とされる。この規制が日本のグリーン・ツーリズム推進の最大のネックとなってきたが、安心院町では、当初この規制に対し、「会員制による農泊」という独自の手法で取り組んだ。

もう一つの事例は伊那市の農泊である。伊那市は長野県の南東部に位置し、面積は667.93平方メートルで、松本市、長野市に次いで広い町である。人口は68300人(2015年)で、長野県の総人口の約3.3%を占める。伊那市は本州のほぼ中央に位置するため、気候は冬寒く、夏暑く、四季がはっきりしており、やや内陸性気候である。伊那市の第1、第2と第3次産業の総生産額の比率は1.6:42.4:56.0で、仕上げ技術産業、食品産業、レクリエーション・健康関連産業が比較的発達している。農業総生産額は66億円(2016年約3億9600万元)で、そのうち米の生産額が27億8000万円と最も多く、野菜、牛乳、花卉も生産額に占める割合が高い。耕地面積率(耕地面積/総面積)は7.7%で、日本の平均水準(2015年11.9%)より低く、自給的農業が主流である。そして、農産物を販売する農家は全体の1/3しかなく、農業就業人口は少なく、尚且つその1/2以上が70歳以上の超高齢者である。

一、伊那市の農泊の展開

観光資源が極めて豊富な長野県において、伊那市の観光産業の発展は芳しくない。伊那市が属する上伊那地域は長野県の約10%を占めるが、観光客数の占め率は僅か5%、観光消費額のシェアも3%に過ぎない。伊那市は、多様化する市場のニーズに応えるため、2008年から観光事業の突破口として山岳観光と農村体験に力を入れてきた。2009年、伊那市は2001年から永谷村(合併前)が行っていた農山村留学プログラムをベースにした「子供農山村交流事業」のモデル地域に認定されたことで、農泊観光が徐々に注目されるようになってきた。2012年に、また教育旅行とインバウンドを主な市場ターゲットとし、農泊体験や農業生産体験、伝統的な村の生活体験などを主な魅力とすることが発表された。2015年に、伊那市の農泊はインバウンド観光との融合モデルは「長野県インバウンド観光デスティネーション拡大ビジネスモデル地域」に選定された。

1. 顧客構成

伊那市の農泊の主な利用者は、教育旅行の学生とインバウンドの外国人観光客である。日本国内の教育旅行では、千葉市の小学生を対象とした「農山漁村交流」(2001年開始)、東京都新宿区の小学校を対象とした「移動教室」(2009年開始)、大阪市の中学生を対象とした「研修旅行」(2015年開始)などが定番となっており、現在も訪問元が拡大中である。日本では、もう10校以上の小中学生、800人近くが伊那市を訪れてきた(2017年)。また、外国人の農泊教育旅行の需要も大幅に増加している。その中で、中国人留学生もより速い伸びを示しているほか、韓国、ロシアなどの国や地域からの学生も増えている。

2. 農泊観光の運営仕方

農泊体験を希望する小中学校は、通常1～3年前に地元の教育委員会に報告し、カリキュラムや日程などを調整してスケジュールを組み、専門の旅行会社と連携し、伊那市観光協会と連絡を取りながら詳細を詰めていく。観光協会は、依頼者を現地視察や体験場所の手配、地元の学校や宿泊施設との交流の連絡などをサポートする。修学旅行のプログラムは通常1年前に観光協会を通じて農家経営者に伝えられ、経営者は農家のスケジュールや個人的な事情に基づき、プログラムの可否や受け入れ可能な人数などを観光協会にフィードバックする。観光協会は、農家や宿泊者の希望や顧客の特性に合わせてスタッフを配置し、各関係者の利害を調整し、緊急事態に対応し、資金決済の責任を負う。

一般の外国人観光客向けの農泊観光と教育旅行の最大の違いは、学校間の交流の有無である。教育旅行の多くは、修学生徒と地元の学生との交流が含まれているため、観光協会が地元の学校や教育委員会の関係部署と交渉する必要がある。外国人観光客にとって、伊那市は広域の旅の一部であり、伊那市観光協会は、団体のプログラムに参加する機会を得るために、広域連携や対外的なマーケティングを率先して行っている。

二、伊那市の農泊観光の特徴

第一に、滞在期間が短い。ヨーロッパの田舎観光を支えるヨーロッパ式の長期休暇は日本では少なく、観光客の滞在日数は1泊2日が一般的で、たまに3日間の旅行もあるが、1泊2日2食が主体である。

第二に、宿泊定員が少ない。日本の農家民宿の定員は3～4人が中心で、一度に宿泊できるのが1組に限られているのは一般的である。主な理由は以下の通りである。日本の農家民宿の多くは、わざわざ改造して増築しているわけではなく、古民家の広い間や座敷(儀式を執り行うための部屋)を客間に改造しており、就寝時には襖で仕切られる。そして、所有者のエネルギーが限られている。また、農家民宿の主人は70歳以上の高齢者が多く、農作業や地域の仕事、家事などを兼務しているため、食事提供など民宿経営のサポートには限界がある。

第三に、ホストとゲストの生活空間が重なる。日本の農家民宿は、ホストとゲストがプライバシーの低い同じ伝統的な建物に同居し、様々な設備を共有し、食事を共にするため、農作業期間中はホストとゲストの生活空間がほとんど重なってしまう。一方では、ホストとゲスト双方の緊張と不安を高めるかもしれないが、ホストとゲストのコミュニケーションを深く発展させ、農家民宿の経営者の個人的な経験と能力を十分に動員し、生産と生活の知恵を教え、観光客の伝統文化への深い体験を高めることにつながり、「泊まる、伝える、体験する」というグリーン・ツーリズムのコンセプトを身近に実現することができる。このプログラムはまた、観光客の伝統文化に対する深い体験を高めることになる。

上記の伊那市のような農泊で示された「ショート(短時間)、スモール(小容量)、ディープ(深いコミュニケーション)」という特徴は、日本のほかの地域の農泊にも共通するものであり、日本が独自に考案・借用したヨーロッパのリゾート型農村観光モデルとは大きく異なる。

伊那市の農泊は、農業と観光共生のための積極的な相互作用メカニズムを構築しているが、持続的な成長にはいくつかのチャレンジも見られる。

第一は、市場規模が小さいという問題である。伊那市に代表される日本型農泊観光が生み出す経済効果は、滞在期間が短く、キャパシティも小さいため限られている。伊那市の宿泊施設の多くは、年間定員が40人で10回以下、一人当たり7000円程度で、食費や交通費などの経費を差し引くと、一家の収入にはあまり貢献しにくい。そして、多くの宿泊施設は、ちょっとした小遣い稼ぎや暇つぶし、あるいはボランティア活動として位置づけられている。経済的な期待値が低いため、投資を増やしたり設備を更新したりすることもなく、サービスや食事の提供についても厳格な標準化がなされていないため、観光客の感じる価値にはばらつきがある。

第二は、運営の持続可能性の問題である。伊那市の農村住民の年齢構成は高齢化し、体力や気力も限られ、緊急事態も多い。日本式の農泊観光は、ホストが食事を提供し、さらに深い交流も必要とし、ホストとゲストの生活空間が重なることで農家の労働集約度と疲労度が増し、伊那市の農泊の2/3は外国人観光客の受け入れを拒否している。それに、高齢の農家民宿の大半は若い後継者がおらず、農家民宿の持続可能性は時間の経過とともに試されることになるであろう。

第3節　子供の農山漁村体験

ヨーロッパ型のグリーン・ツーリズムと日本型との大きな差異の一つは、日本における農業体験、農村体験(滞在)の多さである。食育に農業体験や農家民泊をプラスすることで、子供たちの「生きる力」を育むと同時に、農村への理解、農業への関心を高めることにつなげようというものである。

2020年12月に、日本閣議で決定した第2期「まち・ひと・しごと創生総合戦略」(2020改訂版)において、「子供の生きる力を育むとともに、将来の地方へのUIJターンの基礎を形成するため、農山漁村体験に参加する学校など(送り側)や体験の実施地域である農山漁村(受入側)に対して支援を行う」としている。その実施体制の構築は図4-1のように示している。

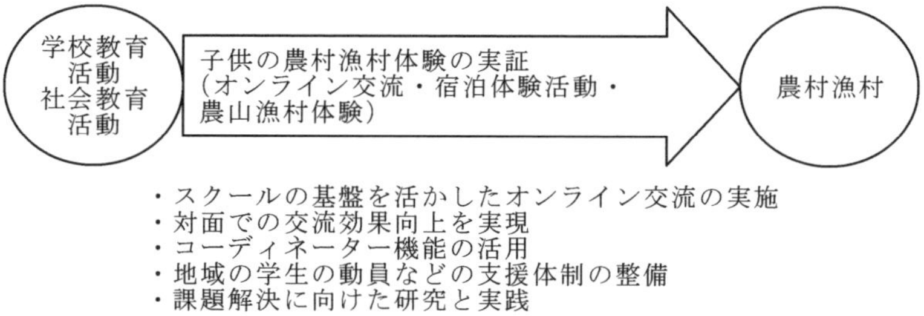

図4-1 「送り側・受入側の連携による子供の農山漁村体験」の実施体制の構築

総務省では、「子供農山漁村交流プロジェクト」を関連施策(図4-2)に位置づけるとともに、これらの取組により、関係人口創出・拡大を図り、地域にとっては地域課題の解決や地域経済の活性化などの効果、都市住民にとっては地方の住民との交流などを通じた日々の生活における更なる成長や自己実現などという効果につなげていきたいと考えている。具体的な流れとしては、図4–3のように表れる。

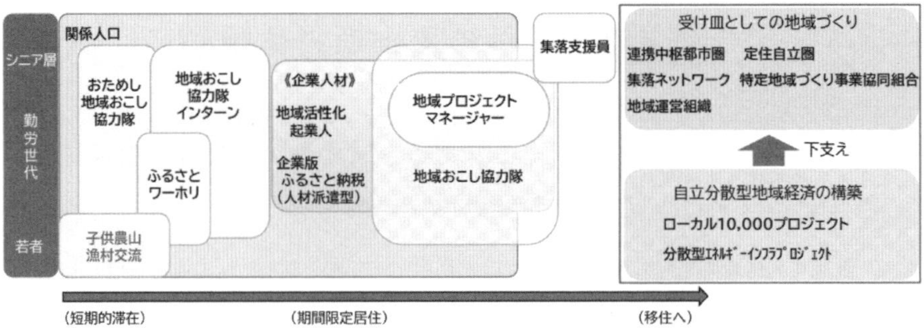

図4–2　子供農山漁村交流プロジェクトの関連施策

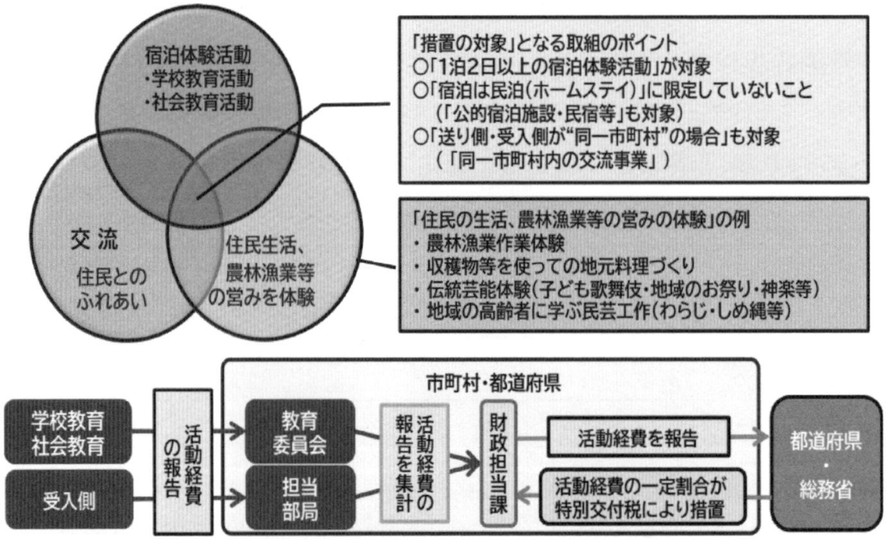

図4–3　子供農山漁村交流プロジェクトの実施流れ

対象経費については、主に3つがある。それは都道府県、市町村推進協議会に要する経費、送り側・受入側の地域協議会の運営に要する経費、小学生・中学生の宿泊体験活動に要する経費である。

「送り側・受入側の連携による子供の農山漁村体験」で期待される効果から見れば、まず、送り側において見られる効果としては、①参加した子供達の場合:成長、受入側の地域や自然・第1次産業への理解・関心、郷土の再評価など;②送り側の住民などの場合:受入側の地域の認知度向上、本取組への理解促進などがある。受入側において見られた効果としては、①本取組の受入関係者の場合、やりがいの向上、関係者間のつながりの強化、ノウハウの構築など;②受入側の住民などの場合、送り側の地域の認知度向上、本取組への理解促進など;③本取組に参加した受入側の子供達の場合、成長・人材育成・郷土の再評価などがある。そして、送り側・受入側の相互の関係性の強化については、①本取組の継続、②子供の農山漁村体験以外の取組による連携などが要求されている。

その具体例として、本書では北海道の南富良野町立幾寅小学校と沖縄国頭本部町の事例を挙げる。「友好の町」として交流している両町では、お互いに子供たちを一般家庭で受け入れしており、本部町の受け入れ家庭の子供たちを2月に南富良野町の一般家庭で受け入れしている。この活動の狙いとしては、両町の子供の段階から深め、児童同士の友情の輪を広げる。そして、南富良野町と異なる風土や歴史、文化の違いを体験することを通し、学ぶ意欲や自立心、思いやりのこころなどを育む。長期宿泊体験及び民泊を体験することにより、集団生活における協調性や自立心はもとより、思いやりの心や規範意識などが育つ。

この交流活動に関する活動地域の選定で決め手となったポイントとしては、4つがある。①沖縄県本部長とは、互いに国体カヌー競技を開催したことを契機に、1996年に「友好の町」として調印し、現在も交流事業が行われている点である。②両町の交流を通して築いてきた信頼関係のもと、体験活動や民泊の調整、安全対策がしっかりと取られている点である。③北海道と異なる風土や歴史、文化の違いを体験することができる点である。④町内に海洋博公園や海水浴場などの体験施設があり、また宿泊施設も充実しているなど、長期宿泊体験の環境がそろっている点である。

体験活動の実施体制において、両町は1991年度から、校内に推進委員会を設置し、主に体験活動の内容に関する検討や協議を行った。南富良野町と本部町の教育委員会は、交流事業本部として、主に日程や交流事業に関する調整を進めてきた。学校の推進委員会と交流事業本部が協力し、保護者や地域の方々に事業の事前説明や事後発表を行う場を設定し、本事業に関する周囲の理解を促すよう努めた。安全確報においては、南富良野町と本部町の教育委員会とで安全確報(特に海に関し、消防のレスキュー職員を配置するなどの安全対策)に向けた事前打ち合わせを電話などで行い、学校と打ち合わせを実施した。活動場所が前年度と同様であるため、事前の下見などは行わなかった。緊急対応時の連絡先をも事前に十分確認した。そして、衛生上の留意点としては、食物アレルギーや食事のメニューなどの事前調査を実施し、児童に自己管理の徹底を指導した。また、食中毒に配慮した調理の事前児童と調理前における手洗いを徹底するよう申し入れた。

配慮事項を確認してから、事前指導と事後指導の活動内容を行う。事前指導においては、まず活動の概要説明及び班での役割分担や目標を設定する。例えば、交流事業本部である教育委員会から概要説明を行い、活動についての見通しを持たせた。その後、班毎に役割分担や「まちの紹介」の発表内容、宿泊について話し合った。そして、活動に対する抱負作文を書く。南北での自然環境や文化の違いに対する思いや考え方、個々の学習目標、現地でどのようなことを楽しみにしているか、といった交流や体験、民泊での現地の人々との関わり方の変容を見るために行った。また、結団式において町長や教育長、学校長の前で発表を行った。その後、発表交流に向けた準備である。班毎に作成した「まちの紹介」や全体で行うYOSAKOIソーランの発表を行った(表4-4)。

表4-4　交流日程

月日	行程
1日目	5:25 役場前集合、出発式、出発 9:30 新千歳空港発 11:40 羽田空港発、昼食(弁当) 14:15 那覇空港着 16:45 本部町役場表敬訪問 19:00 歓迎夕食会 21:05 ホテル着、ミーティング 21:20 入浴着、ミーティング 22:00 就寝
2日目	6:30 起床 7:30 朝食 8:50 伊豆味パン園見学 10:45 上本部小学校着、歓迎会、昼食、共同学習 14:00 町民体育館着、交流学習 15:50 やんばるガラス工芸館着、琉球ガラスコップ制作体験 17:00 グリーンフラッシュビーチ着、マリン体験 19:00 夕食 20:10 ホテル着、ミーティング、入浴 22:00 就寝
3日目	6:30 起床 7:30 朝食 8:40 海洋博公園見学(植物園、水族館) 12:30 エメラルドビーチ着、昼食 13:30 水泳体験 17:00 博物館見学 18:00 教育委員会着、民泊引渡し式、各民泊受け入れ家庭へ移動(夕食入浴、就寝)

続　表

月日	行程
4日目	7:40 各民泊受け入れ家庭で起床、朝食 9:30 教育委員会集合 11:30 嘉手納道の駅にて基地見学 14:30 沖縄ワールド見学、昼食 15:00 平和の礎、沖縄県平和祈念資料館見学 16:20 那覇ショッピングセンター見学 17:10 ホテル着、ミーティング 18:00 夕食 19:50 入浴 21:00 就寝
5日目	5:30 起床 6:20 朝食 7:00 ホテル発 8:00 那覇空港発 11:00 羽田空港発、昼食(弁当) 12:35 新千歳空港 16:50 役場着、到着式、解散

以上のように、子供農山村の交流は、都市と農山村ともに深い影響をもたらしている。都市における子供農山村交流の展開は、農村の教育力への信頼感や農村振興への自覚の芽生えになっている。そして、参加児童も農家との人的交流に強い印象を受けていた。それに対し、農村においては、まず農家民宿としたグリーン・ツーリズムの展開である。地域対応型の農家民宿において中間組織はいずれの地域においても農家の「体験民宿」化、さらには交流を通じた地域の主体形成にとって重要な役割を担っていた。それに、参加農家の交流収入も増える。

第5章
中国のグリーン・ツーリズム

経済と社会の発展に伴い、グリーン・ツーリズムは中国で広く注目されている。改革開放以来、グリーン・ツーリズムは徐々に中国の都市住民と農村住民の日常観光活動となり、成長潜在力を持つ新しい産業となった。現在、中国のグリーン・ツーリズムは単一要因の発展から多要素の総合的な発展モードへと変化しており、農村観光、農村レジャー、農村休暇を主な内容とするグリーン・ツーリズム発展モードが形成され、農家、農村宿泊施設、農村ブティックホテル、キャンプ場、観光ルート、伝統的な村や町、牧歌的な複合施設、観光町などの多様な形態が現れている。

「産業が興隆、生態が快適、気風が文明的、統治が効果的、生活が豊か」(产业兴旺、生态宜居、乡风文明、治理有效、生活富裕)という総要求は中国の農村活性化の主要内容である。その中で、農村産業の活性化は農村活性化の主要な任務であり、農村の全面的な活性化のために堅固な経済基盤と物質的な保障を提供する。グリーン・ツーリズムの発展は農村の活性化を実現する現実的な方法の一つであり、農村観光の育成と発展はグリーン・ツーリズムの発展の重要な要素である。

第1節　中国におけるグリーン・ツーリズムの概念

中国のグリーン・ツーリズムは、郷村観光とも呼ばれ、観光と休暇を目的として、農村を媒介とする観光形態であり、観光発展の方向性の一つでもある。従来のグリーン・ツーリズムは郷村地域で行われ、郷村の自然環境や農林漁業、民俗習慣、農村文化、村落古鎮、農家の生活などを資源として、科学的な企画及び開発デザインを通じ、観光客に観光、レジャー、休暇、体験、娯楽などのサービスを提供する経営活動と考えられている。広い意味から見れば、レジャー農業、民俗観光、民族風土人情観光、レジャー休暇観光、農家楽、郷村自然生態観光、回帰自然休養観光もグリーン・ツーリズムに含まれている。郑健雄(2004)はグリーン・ツーリズムが郷村地域の自然生態、農業生産、農村生活と文化活動を適切に計画し、郷土レジャーサービスを提供することによって、訪問者のレジャーニーズを満足させ、郷土の休暇教育機能を発揮できる活動であると指摘している。また、郑健雄(2004)はグリーン・ツーリズムを資源によって、自然観光類、観光農業類、郷村休暇類、文化旅行類に分類した(表5-1)。

表5-1　郷村観光の資源分類

分類	自然利用類	資源保護類
自然資源に基づく類	**観光農業類** 農業祭り 教育農園 観光摘み取る園	**自然観光類** 九寨溝 大堡礁 森林楽園
人文資源に基づく類	**郷村休暇類** グリーン休暇村 休暇農場 レジャー農場	**文化旅行類** 民俗祭り 麗江古鎮 民俗旅游村

中国社会科学院の研究員魏小安は更に郷村観光の発展方向を大都市近郊の農家楽、ハイテク農業観光、農業新村(極めて経済を発展しており、郷村を都市化にしようと目的している)、古い村落の開発、農業景観の活用(棚畑など)の5つにまとめた。

グリーン・ツーリズムはあるがままの自然資源に基づき、農家などの居住している人たちがサービスを提供し、都市住民との交流を大事にしながら環境保護及び地域社会の活性化を実現できるようにする活動と定義したが、計画性が強い中国のグリーン・ツーリズムは、「農」に基づいた観光形態であるが、必ずしも農家が経営の主体でもなく、農村地域にあるすべての資源(ありのままの自然資源と人為的資源)に依存し、先進国が提唱しているグリーン・ツーリズムの概念より範囲も内容も幅広いものであるといえる。

レジャー農業とは、都市近郊と農村地域で、農業や農村の自然環境、田園風景、農業生産及び経営、農業施設、農耕文化、農家の生活などの資源を利用し、科学的な計画を通じて観光客に観光、レジャー、娯楽などを提供する経営活動である(赵宪军・赵邦宏・张润清 2011)。候元凯・刘庆雨(2012)はレジャー農業を先進国のアグリツーリズムと一括し、郷村観光や農業観光とは同じ意味であると指摘している。

観光農業の基本特徴は、観光価値のある農業資源や農産物を開発することを前提に、観光客に大自然の風景と近代化の農業芸術を同時に味わわせることができる。即ち、観光農業は「農業＋観光業」の新しい産業である(骆高远 2009)。骆高远(2009)はさらに、郷村観光に観光農業があり、観光農業が郷村観光の大切な一部分であり、この2つの観光活動を統一に認識され、結合点が農家楽であると指摘している。

農家楽という言葉が初めて使われたのは1987年に『成都日報』のジャーナリスト王学成が成都市郫県農科村の郷村観光を報道した時であった。農家楽の定義に関しては現在中国ではまだ公認的に統一されていない。胡卫华・王庆(2002)は中国の農家楽が「観光扶貧」[①]政策から生まれたも

① 観光扶貧とは、観光地として観光産業を進めることで、農村の経済を活性化する政策である。

のであると指摘しているが、多くの学者は「農家楽」が欧米の観光農業から生まれたものであると指摘している。李鹏・王秀红(2011)は農家楽が中国の独特の郷村観光であり、最も代表的な観光形式であると指摘している。現在中国では、農家楽に関する主要な概念は表5-2のように示している。

表5-2　農家楽の概念

概念	出典
狭義の農家楽は、利用者が豊かな自然と美しい景観、更に食に特色がある農村を訪れ、体験を通じて楽しみながら、ゆとりのある余暇活動をする一方、人口高齢化、既存の産業が低迷する農村で、食事、宿泊、直売、農産物加工の新しいサービス産業を振興し、農村の経済的活性化を図ることである。広義の農家楽は、農業の概念から生まれ、林家楽、漁家楽や牧家楽などの形式も含まれている	田喜洲(2002)
農家楽は農村地区で行い、農村資源を活用し、そして利用者が都市住民である観光方式である	任虹(2004)
農家楽は郷村地域に行われ、旅行者と経営者の交流を主要な目的としている新しい観光活動と資源利用の方式である。農家楽は郷村性、家庭性と娯楽性の特徴を持っている	李鹏・王秀红(2011)
農家楽は、農民を営業の主体として、農山村の風景や民俗文化を利用しながら、都市部以外の自家建物で、地域独特の料理及び生活体験によって接客するという新しい観光形式である	陈蕾(2004)
農家楽は郷村地域で行われ、郷村性がある自然と人文資源を前提としている観光形式である	杨桂华・王秀红(2006)
農家楽は郷村観光の大切な部分であり、農村観光、郷村生態環境、農作業体験及び民俗などの資源に基づき、学習、娯楽、体験、買い物を含み、一体の観光活動である	廖日红・魏微(2020)
農家楽は農業と観光を結合した家族経営の新たな観光方式である。これは農家楽の小規模の特徴を表している	王文燕(2021)
農家楽は農村地域が都市住民へ自然回帰、娯楽レジャーの体験を提供した新な観光形態である	黄成臻・邱涛(2021)

中国旅游协会旅游城市分会(2011)は農家楽が郷村観光の一種類で、農村地域の農業活動や民俗風習によって都市住民をひきつけ、様々なサービスを提供したりし、コストも消費額も低い経営活動であると定義している。更に農家楽の特徴を郷土性、地方性、参与性、レジャー性と自然性にまとめた。郷土性とは、美しい農村の自然環境、豊かな農村民俗風習、特別な農家建物、伝統的な農業イベントや農産品などの農村資源のことである。地方性とは、地域の特別な自然環境や伝統によって現れた地方の性格である。例えば、新疆の砂漠風景や広西の棚畑風景などが挙げられる。参与性とは、都市住民が農村地域での体験活動のことである。レジャー性とは、都市住民が農村地域へ行い、フラッシュな環境でリラックマができることである。自然性とは、ありがままの自然の環境で観光活動を行うことである。李鹏・王秀红(2011)が農家楽を中国の特色あるグリーン・ツーリズムであると提唱している。ここの「グリーン」は「農業、農村、農民」を指し、これは農家楽の基礎となる資源のことである。農民は農家の生活雰囲気や習慣、地元の農産物で都市住民と交流しながらサービスを提供するが、都市住民は郷村の自然や文化から「娯楽」を求める。

グリーン・ツーリズムの発展方向には、農家楽のほかにハイテク農業や、農業新村などありがままの自然に基づき、人為的行為を含む観光形態も見られる。農家側に着目し、政府が計画するものではなく、農家自分で行っている行為としてのグリーン・ツーリズムを表すものとしては、グリーン・ツーリズムより農家楽のほうが適切であると考えられる。そのため、本書では、農家楽を中国のグリーン・ツーリズムの代表として扱い、調査対象とするものである。

以上の概念に基づき、本書においては、農家楽を都市と農山村の交流を前提に、郷村地域で農家レストランを中心として、農林業体験などを含む

「農家に宿泊し、飲食し、農林業体験を行い、農林産物を購入するなどの体験を楽しむ」ものと定義している。しかし、現在中国郷村地域に流行っている高級民宿あるいは郷村ホテルは本書の農家楽に当たらない。

農家楽に関しては、立地地域、資源、投資主体、体験の類型、郷村の特徴、観光客の目的などによって、様々な分類をされている。現在、多数な研究者は農家楽を農業観光農家楽、民俗文化農家楽、民宿農家楽、レジャー娯楽農家楽、飲食宿泊農家楽と農業体験農家楽の6つに分類している。農家楽を山村農家楽、田園農家楽、民俗文化農家楽、水郷農家楽、竹郷農家楽のタイプに分別したこともある。陈蕾(2004)は農家楽を地域の交通状況、経営者、利用者、季節性などの要因から、農家楽を観光地農家楽、農山村地農家楽、都市近郊農家楽に区分している。李鹏・王秀红(2011)は現在中国で、農家楽に関する主要な分類を表5-3のようにまとめた。

表5-3　農家楽の分類

特徴	類型	出典
資源と市場への依頼程度	資源型、市場型、中間型	肖佑兴・明庆忠・李松志(2001)
郷村の特性	郷村自然風景観光、農場観光、、郷村民俗観光、民族風土人情観光	何景明・李立华(2002)
投資の主体	農民が投資する、外来投資、連盟投資	刘娜・胡华(2001)
観光の目的	観光型、レジャー型、体験型、休暇型、ビジネス会議型、買い物型、研究型、総合型	杨建翠(2004)
活動内容	田園観光型、科学教育型、レジャー休暇型、体験参与型、体験交流型、農産物提供型、農業文化型	姚素英(1997)
民族	漢家楽、白家楽、タイ家楽など	李鹏・王秀红(2011)

第2節　農家楽の発展経緯

農家楽は四川省成都市郫県(ピケン)の農科村で始まった。その後、政策的規制と市場促進を経て、徐々に全国に広まった。しかし、地域の観光資源の偏在や経済格差、交通や公共施設の整備水準の不均衡などで、農家楽は地域によって、発展規模や経済効果は大きく異なっている。浙江省、江蘇省などの東部沿岸省市の農家楽の規模は総じて大きいが、次いで中部、西部は相対的に小さかった。中国のグリーン・ツーリズムは、国内外の市場ニーズに牽引され、先進国の影響を受け、中国の特別観光貧困緩和政策に導かれて発展し始めた。スタートは遅かったが、発展速度は極めて速かった。本書は、中国の農村の発展歴史、現状と傾向に基づき、社会の発展に注目しながら、中国の農家楽の発展を萌芽誕生、初発展と快速発展の3つの段階に要約する。

一、農家楽の萌芽誕生段階(1987～1998年)

この段階では、中国の農業生産の構造には大きな変化が始まり、伝統的な農業から近代化の農業への転換が見られた。そして、都市住民観光者の増加により、都市近郊や観光名所の周辺などの農民は自家の田園を利用し、接客活動を始めた。これは農家楽の雛形といえよう。

1. 農家楽発展の触媒としての市場ニーズ

改革開放が進むとともに、都市住民の収入も明らかに上った。1995年からの週2日制度の実施で、都市住民の余暇時間が増えてきた。その上に、交通状況の改善、都市近郊の美しい自然や環境などの魅力で、益々多くの住民が農村地域を訪れてきた。このようなニーズに合わせるため、都市近郊の農民は自発的に自家の建物を利用し、飲食や宿泊を提供し始めた。これは中国の初段階の農家楽である。また、農民の収入問題を解決するため、政府は観光業を貧困脱却政策及び三農問題解決の手段として強力に進めている。政府の支援政策は農家楽発展の後押しとなった。

2. 初期の農家楽の特徴

初期の農家楽は3つの特徴を持っている。一つ目は、自発性である。農家楽の最初は、都市近郊の農民が自発的に自家の建物を利用し、観光に来ている都市住民に飲食や宿泊を提供し始めた。二つ目は、政府の支援が強いことである。農民が自発的に行った農家楽は、中国の貧困脱却政策や農業構造の調整意思と合致していることから、各地域の政府から様々な支援を受けることができた。三つ目は盲目投資現象が現れたことである。農家楽は新しい旅行形態のため、理論的にも実践的にも経験不足であった。そのため、盲目な開発があふれ、環境破壊、体験内容の類似化、サービス質の低下など、様々な問題が表れることとなった。

二、農家楽の初発展段階(1999～2005年)

この時期、新農村建設がもたらした都市農村交流体制の発展は、グリーン・ツーリズムのネットワークシステムの発展を促進した。農村道路の整備と各種交通手段の台頭により、都市と農村の時間的距離は大幅に短縮され、都市と農村の格差も徐々に弱まった。中国の全面的な開放パターンと相まって、グローバリゼーションの台頭とニューエコノミーの出現もまた、人々の戸外旅行に対する意識を大いに強め、都市と農村を結ぶ観光ルートと結節点は絶えず改善され、地域間の連携が生まれ始め、グリーン・ツーリズムのネットワークシステムは徐々に形づくられていた。

1999年に、国家旅游局[現中国文化・旅游(観光)部(省)、以下同様]は「生態旅游年」を提唱し、全国各地で農家楽ブームが始まった。2001年に、国家旅游局は正式的に農家楽の発展を当時の観光事業の中心と指定している。そして、山東省、江蘇省、浙江省などの地域の農家楽での調査によって、「農業旅游発展指導規範」を作成し、農家楽のモデル地区のリストを発表した。

2004年に、国家旅游局は全国農家楽モデル地区の判定基準によって、招待人数、旅行収益、製品、施設、管理、経営、安全、将来性などの要素から、全国で203箇所の農家楽のモデル地区を選定した。

このように、農家楽は自発的な農民活動から企画性が強い観光活動になってきた。2001年まで、国家旅游局が提出した農家楽のルートは20省以上、1万あまりの村落にわたった（金颖若・周玲强 2011）。

グリーン・ツーリズムに対する社会的支援体制が徐々に整備されるにつれて、グリーン・ツーリズムの市場も大幅に拡大し、一般層がグリーン・ツーリズムの中心層となり、グリーン・ツーリズムもマス・ツーリズム化し始めた。それと同時に、グリーン・ツーリズムは農村経済において大きな期待を寄せられており、所得創出、雇用創出、人々の生活の充実、農村の社会構造の改善、農民の資質の向上、観光の実際の発展における地域の人気と影響力の拡大などに大きく役立てた。

三、農家楽の快速発展段階（2005年～現在）

2005年に中国共産党第16期中央委員会第5回全体会議の開催及び「2006年中央1号文書」をシンポルとして、全国各地の農家楽は快速発展階段に入ったことを示した。農家楽のよりよく、速い発展及び社会主義新農村建設の促進をするため、国家旅游局は2006年に「農村旅游発展に関する指導意見」（《关于促进农村旅游发展的指导意见》）を公布した。2007年に、中国農業部（現中国農業農村部）と国家旅游局とともに、全国農家楽の発展に関する通知を発表し、農家楽に対する指導、基本原則及び要求を提出した。更に、農家楽サイトをも作成し、全国の農家楽を強力に推進した。

2010年1月に、中央政府は「三農問題」に関する中央1号文書の中で、「現地の特色にあわせる高効率の農業を発展させ、農業の就業潜在力を掘り起こし、郷鎮企業のシステム調整と産業革新を進め、農産物の加工業を支援しながら、レジャー農業、郷村観光、森林観光及び農村サービス業を積極的に推進する」という主旨を示した。国家旅游局のデータによると、2011年まで全国の農家楽は150万戸に達し、年間接客人数は6億人を超え、年間経営収入は1500億元に達した。農家楽の発展によって、1500万人以上の農民の就業問題が解決されている。更に、中央農村工作指導グループ弁公室の陳錫文主任によると、2014年まで農家楽の接客人数はおよそ12億人に達し、全国の観光者数の30%を占めている。2016年に「発展の新理念を実行し、農業近代化を加速し、全面小康の目標を実現することに関する若干の意見」(《关于落实发展新理念加快农业现代化实现全面小康目标的若干意见》)を配布した。その中に全力的に郷村観光を促進し、農家楽、民宿、野外運動など計画的に進めようと指摘している。2016年まで、農家楽の数は200万戸以上を超え、その中で10万戸以上のモデル村・鎮があり、年間総収入は3200億元に達したことが明らかとなった。また、国務院の計画によると、2020年までに、農家楽の数は300万戸を超えようと目標していた。

中国の農家楽はわずか20年間の間に、極めて快速な発展が見られるが、個人経営型が多いため、管理の不完全、地域資源が効率的に利用されていない、地域文化・特徴を出せていない、地域ブランドの単一化などの問題も現れてきた。農家楽を持続可能な地域振興策にするため、管理、経営、地域文化、資源の活用の面における地域農業、地域経営体、地域住民の組織化が重要となってきている。

この時期、グリーン・ツーリズムの概念は急速に革新され、農村経済は全面的に発展し、農村のイメージも根本的に変化し、先進的な生産方式、管理方式、経営方式、生活様式の影響を受け、農村で発生する、あるいは農村を基点とする各種の観光形態はますます豊かになってきた。それと同時に、様々な観光形態は、情報化時代において、人々の生存と発展、自己向上にますます不可欠なものとなっている。観光に対する考え方ももはや「あればより良い」という魅力的な要素ではなく、「なければならない」という必要な要素になってきた。旅行の目的はもはや観光だけでは満足しなくなり、体験やレジャーを追求するようになり、新しい観光消費習慣も徐々に形成されている。

総合的な観点から見れば、中国の農家楽の始まりは比較的に遅いが、発展のスピードは速く、発展モデルのアップグレードは比較的短期間で完了できた(表5-4)。そして、巨大なスケール効果を形成させ、中国の農村地域の社会、経済、生態の建設と発展を効果的に促進させていた。

表5-4　農家楽の発展モデルのアップグレードと特徴

発展モデル	発展特徴	体験内容	経営モデル	空間特徴
第一代	農業と観光資源への依存度が高い	食事と観賞	家族経営	小規模
第二代	多様化経営と多角化商品のサービス提供	宿泊施設、観光、エスニック、体験型アクティビティ	共同経営や集団経営が主流で、一部の地域では政府主導の経営も行われている	組織的規模、点集積
第三代	ネットワーク化されたレイアウト、ハイエンドなサービス、ブランド化されたオペレーション	レジャー、観光、科学普及、教育など、商品の専門化、高級化、ブランド化	集団経営、政府主導の経営、株式保有経営	大規模クラスターと組織的・計画的集積

続　表

発展モデル	発展特徴	体験内容	経営モデル	空間特徴
第四代	農泊、シェア農園、特産品タウンなど、新しい農村経済形態への転換	食べる、住む、旅行、観光、ショッピング、娯楽、科学、文化、教育など複合的な製品供給	市場ベースの運営、民間企業の協力	大規模、広範囲に分散、均等にネットワーク化

都市と農村の一体化発展、的確な貧困緩和、農村の活性化などの戦略の徹底的な推進に伴い、農家楽は全国各地で発展し、次第に「農業、観光、文化」の「三位一体」、農村の3つの産業の徹底的な融合の先導的モデルとなっている。こうした点においては、中国の農家楽を展開する際に、そのまま先進国のグリーン・ツーリズムを見習って行っても同じ効果は期待できず、中国の状況に応じたアレンジが不可欠である。このため、本書では、先進国的なグリーン・ツーリズムの社会的・経済的条件が普及しつつある浙江省を研究対象として、中国におけるグリーン・ツーリズム「農家楽」の特徴や問題点、更なる発展方向について考察を行うこととした。

第3節　農家楽の特徴

中国における農業産業の最も重要な特徴の一つは、農村コミュニティの参加である。現在、農家楽開発における農村コミュニティの参加には、大きく分けて3つの形態がある。第一は村民自発型である。これは地域住民が自主的に組織し、自発的に地域観光開発に参加するモードを指す。観光モデルの自主管理を実施するために、人々が一緒に組み合わせた役割のもとで共通の利益と目標を指す。例えば、江西省婺源地区では、村民が自発的に観光スポットに近い場所に農家民宿を建設し、収入を得る行動が、自発的に地域観光参加モードに属する。このタイプは、効果的に農村観光サービスの質を向上させ、観光ブランドの発展や地元農民の富と収入の増加を助けることができる。

第二は農村コミュニティの動員型と意思決定への参加型である。農村コミュニティ動員型とは、農村コミュニティが地域の人々の発展ニーズを満たすという目標に依拠し、住民の幅広いコミュニティ活動への参加を誘導する観光参加モードを指す。例えば、農家楽の意思決定過程において、コミュニティ管理者はコミュニティフォーラム、住民大会などの形式を通じ、積極的にコミュニティを動員して関連事項を議論させるが、実際の運営には参加しない。このようなコミュニティ観光参加モデルは、コミュニティ観光意思決定の科学性と合理性を向上させることができる。このモデルを実施するには、地元政府が積極的な動員の原則に従い、農村観光への人々の参加に関する規則や規定を明確にし、人々を観光経営に参加させる必要がある。

第三は農村地域の相互扶助と協力型である。このモデルは、立法府や行政府の強制的な介入を受けず、対等な協議メカニズムの助けを借り、集落組織と市民が観光管理に参加し、コミュニティ組織、管轄組織・単位、コミュニティ委員会、コミュニティ専門家に分けられる。コミュニティ委員会、コミュニティ専門家の協力参加型は、観光専門家に雇われたコミュニティ委員会とコミュニティ委員会のメンバーが観光管理形態に参加することを指し、相互扶助、相互利益がこの参加型の主な特徴である。

第6章
中国農家楽の経営者に対するヒアリング調査

第1節　調査目的及び調査方法

本調査では、農家楽を詳細に検討するために、その特徴に基づいて農家楽地域の交通状況、経営者、利用者、季節性などの要因から、観光地農家楽、農山村地農家楽、都市近郊型農家楽に区分している。観光地農家楽は、観光名所の周辺にあり、経営者は主として農家であり、公共交通の利便もよく、個人観光客や避暑や休暇を過ごすための中高年の利用者が多く、名所利用への依存度が強い。農山村地農家楽は、農山村地域にあり、現地の農家が経営し、近隣都市の中間層消費者が自家用車か電車で利用している。現地の農林産品に合わせ、閑散期と最盛期があり、連休時とくに人気である。都市近郊農家楽は都市周辺にあり、経営者は都市近郊の農家である。利用者は現地都市の市民や周辺の農家であり、季節にかかわらず、週末の日帰りが多く、その利用は次第に一般人の日常生活に組み込まれたと指摘した。

そして、本書においては、調査対象地の現状に基づいて農家楽の現状をより詳細に分析するために、農家楽を①観光地農家楽(観光地に隣接する形態)、②辺鄙農山村地農家楽(一般的な農山村部にある形態)、③都市近郊型農家楽(都市に隣接する農山村部に存する形態)に区分することとした。

このようなそれぞれの区分ごとの農家楽の実像を明らかにするとともに、農家楽の発展が三農問題を中心とした都市—農山村の格差是正につながりうるのか、つながり得るとすれば、それはどのような条件に基づくものなのかを実証的に明らかにすることを目的とした。

調査の方法としては、農家楽に関する文献調査及び中国浙江省杭州市桐廬県の農家楽を先述した三区分に分類した上で、区分毎に地区行政関係者と農家楽の経営者に聞き取り調査を行った。地区行政関係者に対しては桐廬県の農家楽の歴史、現状、農村計画、政府の支援状況及び今後の展望について聞き取りを行い、桐廬県の農家楽の現状を全般的に把握した。また、実際の農家楽の運営状況を明らかにするため、農家楽経営者に経営主体、目標、経緯、経営効果及び現在の問題点などについて聞き取りを行った。

第2節　調査地域の概観

浙江省は中国の華東地区中部に位置し、2020年の省内GDPは全国第4位で、都市化率は72.17%である。①一人当たりの平均収入は都市部20年連続全国第1位(直轄市の上海、北京を除く)、農山村部は36年連続第1位(直轄市を除く)、都市農山村の格差は全国の平均水準より低い。しかし、都市化は進んでおり、農山村部では一人当たりの耕地面積の減少、農家の兼業化、老齢化など農業資源が不足、農業衰退の傾向が見られる。しかし、

① 浙江省統計局:「浙江省第7回人口調査主要データに関する報告書」,http://tjj.zj.gov.cn/art/2021/5/13/art_1229129205_4632764.html[2022-08-05]。

2004年と2020年を比較すると農村戸籍を都市戸籍に変更する数は67%減少し、都市への人口流入は収まりつつあり、先進国のように「反都市化」[①]と呼ばれる傾向も見られつつある。

このような背景の中で、農業の振興、農村地域の活性化を図るため、浙江省政府は経済発展を促進するとともに、新農村建設にも大きな力を注いでいる。2005年に中国共産党第16期中央委員会第5回全体会議では、「社会主義新農村の建設」の目標を提出した。それは、都市と農村の経済・社会発展を強調させることを堅持した上で、「生産を発展させ、生活を豊かにし、気風を改善させ、村を美しく、民主的管理を行う」という目標概念である。この目標に応えるため、2008年に浙江省の安吉県は正式的に「中国美しい郷村」計画を打ち出した。2010年に浙江省政府は更に「浙江省美しい郷村建設行動計画(2011～2015)」《浙江省美丽乡村建设行动计划(2011—2015)》政策を策定し、2015年に浙江省70%の県・市・区は「美しい郷村建設」の要求を満たし、60%以上の郷鎮は正式的に美しい郷村建設を展開する目標を提出した。2022年に省内46個の県・市・区は「美しい郷村」建設のモデル地区に選ばれ、農家楽の重点村は856個、旅行スポットは2336個に達した。[②]

浙江省における農家楽の発展は全国的な傾向と同様に1980年代に誕生、1990年代後期から発展を始め、2004年時点で農家楽や漁家楽など1500戸程度、従業員は約1.3万人、訪問者数は1385万人、総生産額は7.34億元に達した。2018年までに農家楽は2.2万戸に達し、従業員は16.9万人、農家楽及び観光農業の総生産額は427.7億元に達した。農家楽は急速に発展して

---

① 都市的地域から田舎へと人口が移っていく統計的及び社会的プロセスのことを中国ではこのよう表現する。

② 浙江省農業農村庁,http://nynct.zj.gov.cn/art/2022/12/16/art_1589297_58945867.html?eqid=87f2561a00000fd9000000046442aed1[2022-08-05]。

いる傾向が見られる。

桐廬県は浙江省西北部に位置し、省都杭州市から南西約90キロメートルに位置し、全区域の東西の長い約77キロメートル、南北の広い約55キロメートル、面積約1825平方キロメートル、人口約40万の地方都市である。2020年の地域GDPは376.27億元、住民一人当たりの所得は89800元(全国は88337元)である[①]。

桐廬県を選定した理由は、第一に、桐廬県は政策的に新農村建設に力をいれ、農山村振興を強力に推進していることにある。「中国の百強県(市)」として、2020年まで都市化率は68.5%と経済社会の発展過程としては成熟期を迎えており、国内の一つの先進事例と位置づけられる。政策的には三農問題の解決に留まらず、工業と農業、都市と農山村、都市住民と農民を一つのまとまりとした発展計画を目指し、旅行開発を新農村建設に関わる重要な事業として位置づけている。「桐廬県『十二五』新農村建設発展計画」(《桐庐县"十二五"新农村建设发展规划》)には、美しい郷村づくりが明確な目標として掲げられた。2012年に桐廬県は全国レジャー農業と郷村旅行モデル県と認定され、杭州市内唯一かつ初のモデル県である。2013年に桐廬県の環渓村は中華人民共和国住宅・都市農村建設部(省)による「第一陣美しい小鎮・村建設のモデルリスト」にも選定されている(「中華人民共和国住宅・都市農村建設部が第一陣美しい小鎮・村建設のモデルリストに関する通知」(《住房城乡建设部关于公布第一批建设美丽宜居小镇、美丽宜居村庄示范名单的通知》)。2016年から、村を美しく、人々を豊かにするという目標を目指している美しい田園地帯と美しい経済が密接に関係する「美しい郷村建設2.0時代」の探求に努めてきました。

---

① 桐廬県人民政府，http://www.tonglu.gov.cn/art/2021/2/3/art_1542449_58961849.html [2022-08-05]。

2021年に、さらに「デジタル郷村、法治郷村、芸術郷村、起業郷村、人材郷村」を提出し、「美しい郷村建設3.0時代」を建設し始めた。そして、2025年までに50%以上の郷村地域の行政収入は100万に達するという目標を提出していた。

第二に、観光業が急速な発展を見せていることである。桐廬県は1979年に「瑶琳仙境」の開発が始まり、約30年間の観光開発期間中、観光産業の規模は絶えず拡大している。2003年から「山水祭」を開催し、「自然を抱擁」の旗を掲げ始めた。2006年に、第10回世界「国際花園都市」①の決勝戦で「国際花園都市」の称号を獲得した。2012年に「中国最美県」、2013年に「長寿の郷」の称号を獲得している。2020年までに観光名所は15ヶ所に達し、その中で国家AAAA級名所6ヶ所、AAA級名所9ヶ所、国家森林公園2つがある。2020年の全県の観光客数は2049.64万人、観光業の総収入は235.79億元に達した。その中に、郷村観光の観光客数は1520.82万人、観光業の総収入は15.04億元に達した。桐廬県は「国家全域観光地リストの第2バッチ」に選ばれた。それに、2021年にアメリカの『国家地理』(*National Geographic*)という雑誌に世界最高の旅行先の一つとして紹介された。年間を通じ、農家楽(民宿を含む)は5857万人の観光客を受け入れ、営業利益は4.68億元で、前年比7.4%増加した。

桐廬県の農家楽の現状をより詳細に分析するために、本書では、農家楽を①観光地農家楽(観光地に隣接する形態)、②辺鄙農山村地農家楽(一般的な農山村部にある形態)、③都市近郊型農家楽(都市に隣接する農山村部に存する形態)に区分し、調査を行った。調査事例はそれぞれ①桐廬県富春江鎮芦茨村、②莪山シャ民族郷と鐘山郷、③城南街の周辺である。

① 国際公園・レクリエーション管理行政連合と国連環境計画の主催のコンテストで、「緑のアカデミー賞」として中国国内では知られている。

第3節　ヒアリング調査の結果

一、観光地農家楽——桐廬県富春江鎮芦茨村

富春江鎮芦茨村は桐廬県の西南部に位置し、県の中心部から離れた遠隔地にあるものの、村落内には白雲源森林公園、厳子陵釣台の2つのAAAA級の観光地区と江南龍門湾などの名所があり、山水調和、農漁村風景にあふれ、多くの観光客が集まる。芦茨村の総村民委員会の委員によると、芦茨村には7つの集落があり、村全体の面積は54.5平方キロメートル、人口は1313人(2012年)である。芦茨村の芦茨湾は鵜飼の伝統もあり、河川を利用した天然プールでも有名である。心地よい風景のほか、歴史、民俗文化、民間手工芸、古街、古橋、祖廟、寺院、百歩街に恵まれ、元代の画家黄公望の名作「富春山居図」の取材地の一つでもある。村内の白雲源観光地は、龍門山脈に位置し、主峰の観音頂は(1246.5メートル)富春江地区の最高峰である。地域の森林率は98%に達し、多彩で奇異な山の中で、滝や深い淵が数十ヶ所あり、1980年代から「江南の九寨溝」「富春江のシャングリラ」と讃えられてきた。

1990年代、芦茨村では農家風レストランが誕生したが、2002年に白雲源地区では初めての農家楽が誕生した。芦茨村の梅樹村委員会への聞き取りからは、当時、芦茨郷の郷長沈氏は農家楽の将来性を感じ、村委員会委員を伴い、農家楽先進地である浙江省にある金華市の仙華山へ視察を行い、その後村民へ農家楽の経営を推奨した。その上で周辺のインフラ建設や観光客の誘致などのため県政府と交渉し、支援を要請した。2009年に、杭州市農業農村事務局、桐廬県農業農村事務局、郷政府の支援に加え、村民の寄付により3000万元の基金を作り、浙江省初のスローライフ体験

区——芦茨村風情小鎮(農家楽の集団立地と体験農園などの一体的整備地区)の建設を開始した。2019年時点で、芦茨村の80%以上の家庭は農家楽を経営しており、総数は100戸を超え、さらに15戸の家庭も農家楽開業を申請中である。芦茨村の農家楽は主に芦茨中心村と梅樹村(ともに集落名)にあり、2018年10月時点で、食卓数は600卓、ベッド数は1500床、2012年の年間旅客数は9万人、営業収入は2500万元に達した。2019年になると、営業収入は5000万以上を超えた。この地区は、2006年に県内初の農家楽協会を設立し、農家楽の運営力向上などの自主管理を行ってきたが、スローライフ体験区ができてから、政府の指導のもとで、村委員会が農家楽を管理している。内容的には杭州市農業農村事務局及び県政府は毎年経営者を対象に、1～2ヶ月程度の育成研修会及び教育指導を実施している。

具体的事例について詳述すれば、「白雲源人家」は芦茨村の最も古い農家楽である。経営者夫婦は、2002年に村委員会の指導のもとで、レストランでのシェフの経験を活かしながら自家の建物で農家楽経営を開始した。2009年から平均年間収入は30万～40万元(2009年浙江省の平均年間収入は24611元/人)に達し、家庭総収入のほぼ80%を占めるに至っている。聞き取りからは芦茨村農家楽の利用者は主に上海、江蘇と浙江の団体客であることも明らかとなった。利用料金は時期により異なるが、2012年の時点では、閑散期が一泊三食70～80元/人、最盛期が120～150元/人程度である。2018年になると、周辺高級な民宿が急速に増加したため、夫婦2人は農家楽を再び改造し、値段も少々上げた。現在繁忙期は夏秋で、2～3ヶ月前からの予約が必要であり、その人気が伺われる。

杭州市社会主義新農村建設指導グループ弁公室の2018年の発表によると、芦茨村スローライフ体験区の進行は桐廬県新農村建設の目標の一つとして重視されている。現在、芦茨村の農家楽は、全員現地の農家が自家の建物で経営をしている。食と宿のほかに、農園体験やタケノコ堀りなどの体験プログラムも用意されている。体験区管理委員会によると、2018年農家楽の発展は、村内500人の就業問題を解決したとされている。地域振興政策としての新農村建設の成功例といえる。しかし現在では、村の中での農家楽同士の競争も激しくなっており、公共交通機関でのアクセスの不便さなどの問題も顕在化している(表6-1)。

表6-1　観光地農家楽の代表事例

名称	白雲源人家
位置	芦茨村の梅樹村;桐廬県の中心部から19キロメートル
経営主体	村委員会の指導のもとで、夫婦2人で経営
経営動機	レストランでシェフをした経験を基に、実家で技能を生かしながら起業したいとの希望から農家レストランを開業した
規模	自家建物;レストランの最大収容人数は90人;宿泊施設は最大25人
平均利用額	一泊三食、閑散期70～80元/人、繁忙期120～150元/人
利用者	上海、江蘇及び浙江の団体客が多い
政府からの支援	施設整備(テーブル、ベットなど)への補助 技能講習:シェフの養成訓練など
経営効果	2009年から平均年間収入30万～40万元、家庭総収入の80%ぐらい
難点	地区としての知名度は上ったが、村内農家楽同士の競争も激しい;公共交通が不便のため、貸切バスによる団体客が主で県内の顧客が少ない;政府には閑散期の対応策を作ってほしい

二、辺鄙農山村地農家楽——桐廬県莪山シャ民族郷と鐘山郷

1. 莪山シャ民族郷

莪山シャ民族郷は杭州市唯一の少数民族郷で、桐廬県中部に位置し、県

の中心部から約10キロメートル離れ、全地区の面積は28.73平方キロメートルであり、桐廬県で有名な竹の郷でもある。光緒元年(1875年)に文成、青田一帯から移動・定住したシャ民族が次々と村を創立した。シャ民族の名字には藍、雷、鐘、李の4つがあり、莪山は独特なシャ民族の文化拠点として発展し、今もなお一部の地区がシャ民族の言語と冠婚葬祭などの習慣を強く残している。

莪山シャ民族郷は1988年に、中国人民政治協商会議杭州市委員会の提案で少数民族支援策として設立された。新農村建設の重点地区として、農家楽などの新興産業で三農問題を解決する方策は社会的に注目されている。2012年まで、全郷は13の行政村を管轄し、総人口は9550人、その中でシャ民族人口は2711人、総人口の28.4%である。莪山は山々に植えられた名産の竹の緑に囲まれ、棚田の景観が美しい、自然豊かな地区である。郷内のシャ民族山村は2006年に星級①の郷村旅行地区と指定された。地区内のベッド数は49床あるが、利用者はほとんど食事利用のみである。平均利用額は30元程度と安価である。2010年4月16日に、シャ民族の郷政府は杭州市政府との協力で歌舞団や現地のシャ民族住民から山歌、武術などのイベントを通じて「三月三」と呼ばれるシャ民族文化祭を開催している。

このように杭州市政府及び県政府は少数民族居住地区である莪山の発展を非常に重視し、様々な助成支援を行った。そのようか背景で、多数な高級民宿は続々増えているが、県内他地区と比較した場合、安価な農家楽の経営状況は順調とはいえない。郷政府の職員によると、莪山の農家楽は政府の勧めで経営を開始したが、周辺観光地がなく、山の奥にあり、車で市内から1時間以上かかり、インフラ建設や宿泊施設が不完備のため、

---

① 浙江省農村農業庁がインフラ施設や、安全、衛生、環境保護などの項目によって農家楽を評価する方法である。高い順から5つ星、4つ星、3つ星、2つ星、1つ星がある。

外来の利用者が少ないといった問題を抱えている。

具体的事例について詳述すれば、「洪聚萍土菜館」は莪山民族郷にある農家楽で、現在夫婦2人だけで運営されている。聞き取りによれば、2004年に、莪山郷政府の指導に基づいて経営を開始した。開業当初は、政府からの支援金や地区行政による直接的な顧客の紹介などもあり、一時的に経営は安定していた。しかし、顧客の紹介などの支援も終了し、さらに2012年に勤勉節約などの方針を定めたことで、それに伴って食事利用収入も大幅に縮小した。外来の企業が経営している民宿は発展しつつある一方、安価かつ本当の農家が経営している農家楽の数は2004年の7戸から現在の3戸にまで減少し、衰退傾向が著しい。

2. 鐘山郷

鐘山郷は桐廬県中南部の山岳地帯に位置し、桐廬県の中心部から約14キロメートル離れている。全地区の総面積は107.79平方キロメートル、11の行政村を管轄している。2019年まで、郷全域には世帯数は7488戸、人口は21356人である。鐘山郷は杭州市最大の梨の生産地である。鐘山郷では、2001年から始まったイベント「梨の祭」が多くの観光客を集めている。2009年から、地区政府は新農村建設を促進しているが、莪山シャ民族郷の事例とは異なり、観光農業や農家楽などのグリーン・ツーリズム起業そのものへの支援が制度的に見られない。当地は山地かつ交通不便などの原因で、集客力が弱いため、農家楽の発展は難しい状況にある。特に、先述した2012年の政府の改革開始以来、農産品などの販売も低迷し、2019年3月まで、かつて3戸あった郷内の農家が経営している農家楽は一つも見られない。残っているのは高級民宿しかない。

具体的な事例について詳述すれば、「盛隆農荘」は現在鐘山郷で最後まで営業していた農家楽である。経営者夫婦は全国的な農家楽開業ブームに刺激され、2008年に自らの居住する建物で起業し、農家楽経営を開始した。しかし2012年の調査時点では、利用している顧客はほぼ周辺の工場職員の食事利用に限られ、2019年3月に休業に至り、今後も再開の意向はないとしている。表6-2は辺鄙農山村地農家楽の代表事例「洪聚萍土菜館」と「盛隆農荘」を示している。

表6-2　辺鄙農山村地農家楽の代表事例

項目	洪聚萍土菜館	盛隆農荘
位置	莪山シャ民族郷;桐廬県の中心部から9.59キロメートル	鐘山郷;桐廬県の中心部から14キロメートル
経営主体	夫婦2人で経営	夫婦2人で経営
経営動機	郷政府に勧められた	周辺の農家楽ブームを見て、起業した
規模	自家建物;最大収容人数は80人。サービスに割ける労力がないため、レストランだけを経営している	自家建物;レストランだけを経営している;最大収容人数は100人
平均利用額	30～40元/人	30～40元/人
利用者	政府の職員(2012年から減少)、周辺工場の職員、住民が中心、祭りの際に限り外来の団体客	政府の職員(2012年から減少)、周辺企業・工場の職員
政府からの支援	開業資金補助、開業当初の顧客団体の紹介	特にない
経営効果	年間10万～15万元ぐらい	2013年3月から休業、家庭収入の比率不明
難点	都市から離れ、周辺観光地もなく、交通不便などの原因で、外来の顧客が少ない;政府の改革に影響を受けやすい	山の奥にあるため、顧客が少ない

三、都市近郊農家楽——城南街の周辺

城南街は桐廬県政府の所在地で、桐廬県の全体は富春江を境にして、江北の区域は桐君街で、江南の区域は城南街に分かれている。新しい街で

ある城南街では13の行政村があり、地区の面積は85.35平方キロメートル、人口は12.43万人である。ここ数年来、城南街は工業化、都市化、新農村建設をめぐり、数多くの事業が同時並行して行われている。

桐廬県農業農村局の経済発展科科長の兪氏への聞き取りから、城南街の周辺には30戸以上の農家楽が存在し、その数が増加しつつあり、規模や経営形態も多様である。経営者の多くは郊外の農家であるが、まれに純然たるレストラン経営も見られ、「農家が経営しない農家楽」、いわゆる農家風レストランとの区分が難しいものもある。このような背景として、都市近郊の農家楽の建物は自家建物と貸家の双方が存在している。具体的事例について見れば(表6-3)、「安安農荘」は家族全員6人が自家の建物で農家楽を経営しているが、「望江人家」は主婦3人が農家を借り、農家楽を経営している。このような農家楽の顧客は近隣都市の住民が中心で、年間で閑散期と繁忙期の変動が少ない。

表6-3　都市近郊農家楽の代表事例

項目	安安農荘	望江人家
位置	城南街の周辺、中心部から車で10分	城南街の周辺、中心部から車で10分
経営主体	家族全員6人(両親、長男夫婦、次男夫婦)	主婦3人経営
経営動機	農家楽がはやっている;自家建物が広い、農産物も充実;家族だけでできる事業をやりたい	周辺の農家楽ブームを見て、主婦3人が工場の仕事をやめて起業した
規模	自家建物;最大収容人数は120人;レストランだけを経営している	貸家;最大収容人数は100人;レストランだけを経営している
平均価格	40～50元/人	70～80元/人
利用者	都市住民、周辺工場の職員住民、政府職員など	都市住民、政府職員、旅行の季節になると上海、杭州市内の客もいる

続表

項目	安安農荘	望江人家
政府からの支援	特にない	特にない
経営効果	年間20万～30万元ぐらい;近年経営が難しくなっている	年間40万元ぐらい
難点	周辺農家楽の数は年々増えている、競争が激しい	政府の改革政策を実施して以来、客の数がかなり減少している

第4節　調査結果のまとめと考察

調査結果から明らかになったこととして、第一に、観光地農家楽、辺鄙農山村地農家楽、都市近郊農家楽のすべての立地地区が政府の新農村建設地区に位置しており、政府はいずれの地区も振興すべき農山村を位置づけていることが理解できる。

第二に、しかしながらそうした位置づけに関わらず政府の支援には区分別に大きく相違がある。三区分の中で観光地農家楽には多大な政府補助が行われているにもかかわらず、日常的なレストラン利用の需要に恵まれ、農家が自主的に開業することが通例の都市近郊農家楽には政府補助がなく、辺鄙農山村地農家楽は少数民族対策という特別な場合にのみ補助が行われている。このことから政府の補助は観光一般への補助と連動して行われており、農家楽を含む農山村観光あるいは農山村そのものの発展への補助として位置づけられていないことが理解できる。

第三に、政府支援を受けられた少数民族地区の辺鄙農山村地農家楽と観光地農家楽の差異についてである。この2つを比較することで別の問題が浮き彫りになる。即ち、同じように政策的なテコ入れが行われながらも農家楽数が減少している辺鄙農山村地農家楽と順調な経営が伺える観光地農家楽の差異である。後者は観光地ならではの団体客の継続的な利用による順調な経営がなされている。しかしながら、辺鄙農山村地では、少数民族対策という特殊事情がある場合に限り政府支援が受けられる一方、農家楽を開設しても都市から遠く、観光名所でもないため、農家楽の利用者は近隣の住民が中心で、客数が伸びず、経営の衰退が著しい。政府の支援を受けられなかった辺鄙農山村の事例からはさらに経営の困難さが伺える。以上のことから、たとえ政府補助があったとしても、周辺都市からの利用や観光客の継続的利用がない農村部では農家楽の経営が困難なことが明らかとなった。

第四に、地域住民や地元行政の積極的な経営意思の存在も重要である。観光地農家楽の事例としてとりあげた芦茨村では、村委員会を中心に村民自らが市・県政府と交渉し、国家補助をも利用するという村民・村行政の役割が観察された。一方、経営の衰退傾向が見られる辺鄙農村地の少数民族地域では、同じように国家などからの支援を受けたにしても、農家楽経営は政府の推奨による受動的な立場でのスタートであり、経営改善への要望でも政府への依存度が高い傾向が見られる。この点から経営者の自発性も重要といえるであろう。また、農家楽自体も個人経営が基本であった開始時から変化し、集落や地区の協力が必要となりつつあることが芦茨村の事例から伺える。この点から個別の農家楽経営のみならず、地域として郷村観光に取り組む積極的な姿勢も重要といえるであろう。

第五に、都市近郊農家楽は、需要地に近く、政府支援がなくても自発的に経営を発展させている。観光地農家楽と異なり、利用者は隣接都市の住民が中心で、集客に波もなく最も安定している。ただし、最もアクセスしやすい都市近郊の農家楽は、日々の利用率が高いため、食材はほとんど自家産ではなく、地元の農家や市販品を仕入れている。即ち、都市近郊の農家楽は少々変わった高級レストラン化している傾向も見られ、農家への所得移転という目的からは逸脱傾向があることも否めない。

第六に、辺鄙農山村地の農家楽は、観光地、都市近郊の農家楽より利用料金として安価であり、農山村ならではの豊かな自然に恵まれ、郷村観光の本来的な目的からは理想的な場所であるにも関わらず、現実の経営は大きな困難に直面している。これは本来、三農問題に見られる一般的な農山村への再分配の回路としてグリーン・ツーリズムが機能していないことを意味している。浙江省全体から見れば、農家楽の経営が盛んな村はほとんど都市近郊あるいは観光地周辺にあり、美しい農業景観だけでなく、地域独特の農家料理、農耕文化及び低価格をセールスポイントとして発展している(张建国等 2009)。現在の中国国民は、大都市周辺といえども、欧州に見られるように「普通の農村」の景観や農山村そのものを楽しむ意識がまだ醸成されていないものと理解できるであろう。

以上のことから、三農問題の解決手段として農家楽を手段とする場合、自律的な経営は都市近郊や観光地周辺にしか生じ得ず、一般的な農村地域の農家経営の農家楽への再分配の手段として機能させるためには政府支援などの方策を検討する必要がある。この点から中国におけるグリーン・ツーリズム、農家楽を発展させ、かつ三農問題解決と結び付けていく方向性は以下のように考察できる。

まずは行政の長期的・計画的支援の必要性である。

調査結果から見れば、辺鄙農山村地の農家楽は行政による長期的・計画的支援に最も依頼していることが分かった。それは、人里離れた場所にあり、有名な観光スポットが少ないため、初期の資金援助、インフラ建設などハードの支援だけでなく、観光客の誘致、イベントの導入、観光プログラムの開発、経営管理の指導を含めた人材育成などソフト面の支援も必要である。2017年、中国共産党第19回全国代表大会の報告で、初めて農村活性化戦略が打ち出され、全国の農家楽の支援政策が更に改善された。特に2021年には、中央1号文書がレジャー農業と農村の観光開発を提案し、各地で農村建設の行動を積極的に推し進め、農村の公共インフラの建設を強化しており、辺鄙農山村地農家楽のこれからの発展がよく期待されている。

次はホスピタリティに関する認識の養成である。

農家楽の経営の成功に大切な要因として顧客の確保が挙げられる。しかし現代の消費社会においては、単に他の企業と違う製品・サービスを製造提供しても、すぐにその目新しさ、優位性に追いつかれてしまい、製品・サービスそのものだけで他の企業との差別化が図れなくなっており、製品・サービスが顧客に提供される際に生じる人と人との接点において顧客が感じる満足感が再購買や再利用ひいては顧客拡大に大きく影響しているといわれている（安部 2013）。この点から農家楽に必要とされる「人と人との接点において顧客が感じる満足感」とはホスピテリティといいかえることができるであろう。そこにおいて重視されるのはサービスの提供者—消費者としての関係だけでなく、人と人とのふれあいであろう。事例の観光地・芦茨村では、持続的な発展のために、施設・サービス水準の向上、地域全体の推進計画などが行われているが、それに加えて、経営者のこのようなホスピタリティ意識を醸成することが、農家楽の持続発展に極めて大切なことといえよう。

最後は「ありのままの農山村を楽しむ」ことのできる美意識醸成の取り組みの必要性である。

本調査の結果からは利便性の高い農家楽の利用が盛んであることが明らかとなった。この傾向は利便性の重要性を示していると同時にもう一つの可能性を示唆している。それは中国における都市住民のグリーン・ツーリズムに対する意識の成熟度の問題である。グリーン・ツーリズム先進地である欧州や日本においては必ずしも交通が便利な農山村だけがグリーン・ツーリズムの人気対象地ではない。それはグリーン・ツーリズムの本質が、農山村を舞台に、農山村地域の自然や景観のありのままの姿を楽しむものであるからといえるであろう。調査の結果から見れば、現在の中国では、浙江省のような都市化が極めて進んでいる地域でも、農山村地域の自然や景観のありのままの姿を楽しむ意識は未だ薄い可能性が考えられる。この点を明らかにするために筆者は現在中国における農家楽についての意識調査を行っており、次章において、その内容を詳述する。

ともあれ、ヒアリングの調査結果と先進国におけるグリーン・ツーリズム行動との比較から、このような仮定にある程度蓋然性があると判断できよう。「ありのままの農山村を楽しむ」意識の希薄さが遠隔地の農家楽経営の困難さにつながっているとすれば、「ありのままの農山村を楽しむ」ことのできる農山村に対する美意識を醸成することが必要といえる。日本においては、このような意識を醸成し、都市と農山村の関係を「対立」から「融合」へと誘導するため種々の対策が行われてきた。都市住民の「食」と「農」への関心の高まりや潤いと安らぎのある生活、土地や生き物とのふれあいに対するニーズに応えるとともに、都市的地域では農地の有効利用や都市住民の農業理解の促進、また農山村地域では遊休農地の解消や都市農山村交流による地域活性化などを目的としての市民農園を開設したり、農山村を舞台とする体験教育旅行、学校の教育によって子供の頃から自然や農山村を体験できる教育的要素を取り入れた取組みがなされている。現在の中国においても、農山村に対する美意識を醸成し、都市と農山村の「融合」を進めるために取組みを展開することも必要といえるであろう。

第7章

中国における大学生の農村・農家楽に対するイメージ・意識のアンケート調査

第1節　アンケート調査の概要

前述した先進国的なグリーン・ツーリズムが普及しつつある浙江省を研究対象として、中国におけるグリーン・ツーリズムの代表形態である「農家楽」をその立地条件から観光地農家楽、都市近郊農家楽と辺鄙農山村地農家楽に分類し、農家楽の特徴と問題点についてのヒアリング調査を行った。また、その結果から、現在の中国では利便性の高い都市近郊農家楽や観光地農家楽の利用が盛んであるが、利用料金が安価で、農山村ならではの豊かな自然に恵まれ、グリーン・ツーリズムの本来の目的から理想な場所であるはずの辺鄙農山村地農家楽の現実の経営は困難に直面していることが明らかになった。「光り輝くものを見に行く」観光と違い、グリーン・ツーリズムは「名もない農山漁村資源とふれあいにいく」ものであり、その基礎となる資源はありふれた農山漁村の資源でよい。しかし、先行調査の結果から見れば、現在の中国では、浙江省のような都市化が極めて進んでいる地域でも農山村地域の自然や景観のありのままの姿を楽しむ意識は未だ薄い可能性が考えられる。この点を明らかにするために、中国における農村・農家楽に対するイメージ・意識調査を実施することとした。

まず、アンケート調査に関しては、今後の農家楽利用者と期待される青年層、とりわけ従来型のマス・ツーリズムではなく、新規な旅行形態としてのオルタナティブ・ツーリズムとしてのグリーン・ツーリズムの情報に触れやすく、またそのような物事に関心を持ちやすいと考えられる大学生を対象として実施した。また、先行調査の結果から、現在多くの中国国民はグリーン・ツーリズムに対する意識の成熟度が未だ低いと推定されたが、観光に関する専門教育を受け、専門知識を持つ観光専門の学生は一般学生と異なる意識を持っているのではないかとの仮定のもとに、今回の調査では観光専門の学生と一般学生を区分して実施した。

本調査では、杭州にある学院の学生265人を対象としてアンケート調査を行った。その内訳は、観光を専門とする学生116人、一般学生149人である。調査の手法は授業中、調査の内容を説明しながらアンケート用紙を配布し、その場で回答を求めることである。

調査の内容に関しては、具体的には3つに分けている。第一に、農村・農家楽に対するイメージについてである。合計25組の形容詞対を採用し、判定尺度は「非常に悪い」「やや悪い」「普通」「やや良い」「非常に良い」の5段階評価とした。第二に、「観光地農家楽」「都市近郊農家楽」「辺鄙農山村地農家楽」の3種類のうち、最も行きたい農家楽を選択する設問である。第三に、農家楽の利用実態についてである。その中で、「農家楽体験の有無」から「行ったことがある」Aタイプと「行ったことがない」Bタイプに分けた。Aタイプに対しては、農家楽の行き先と体験した内容を調査したが、Bタイプに対しては、体験の希望があるか、体験したくない理由、体験したい内容を調査した。また、回答者全体に対し、農家楽を体験する際の同行したい人・グループ、希望する宿泊日数、受け入れられる消費額、農家楽を体験する際の希望条件及び今後の農家楽への期待についても調査をした。

統計解析はピアソンのカイ二乗検定を利用し、有意水準のαを0.05として有意差を判断した。また、項目別の変数間の関連性を調べるため、残差分析を行った。

第2節　回答者全員の農村・農家楽に対するイメージ及び農家楽の利用実態

1. 農村・農家楽に対するイメージ

回答者の多くは農村・農家楽に対して良いイメージを持っている傾向が見られる(表7-1)。農村に対しては、良いイメージを持っている人の割合は71.7%、悪いイメージを持っている人の割合は24.5%であった。その中に「やや良い」イメージを持っている人が最も多く見られる。一方、農家楽に対するイメージの場合では、良いイメージの割合は76.2%に対し、悪いイメージの割合は16.6%となっていた。農村に対するイメージと農家楽に対するイメージの間で統計的に有意差があった。調査対象の全員は農村より農家楽に対するイメージの方がややよい傾向が明らかとなった(図7-1)。

表7-1　回答者全員農村・農家楽に対するイメージ

単位：%

<table>
<tr><th>単位</th><th>非常に悪い</th><th>やや悪い</th><th>普通</th><th>やや良い</th><th>非常に良い</th><th>確率(p)</th></tr>
<tr><td rowspan="2">農村に対するイメージ</td><td colspan="2">24.5</td><td>3.8</td><td colspan="2">71.7</td><td rowspan="2">※</td></tr>
<tr><td>2.3</td><td>22.2</td><td>3.8</td><td>56.2</td><td>15.5</td></tr>
<tr><td rowspan="2">農家楽に対するイメージ</td><td colspan="2">16.6</td><td>7.2</td><td colspan="2">76.2</td><td rowspan="2">—</td></tr>
<tr><td>0.8</td><td>15.8</td><td>7.2</td><td>54.0</td><td>22.2</td></tr>
</table>

続　表

単位	非常に悪い	やや悪い	普通	やや良い	非常に良い	確率(p)
χ2統計量	11.0177 確率$p<0.05$ 有意差が認められる					

注:確率(p)の範囲はカイ二乗分布表に従い、対応する自由度及びχ2値によって読み取られる。「※」印は$p<0.05$、有意差の見られる項目で、「—」印は$p>0.05$、有意差のない項目である(以下同じ)。

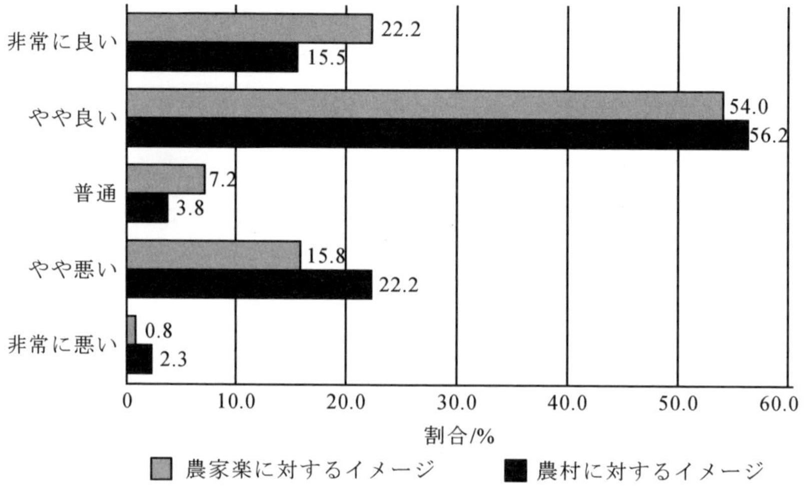

図7-1　回答者全員が農村・農家楽に対するイメージ

2. 農家楽への訪問経験

図7-2によると、全員農家楽へ行ったことがある人は82.0%を占め、行ったことがない人は18.0%しかなかった。農家楽は新しい観光形態として、国民からの関心度が高いと判断できる。

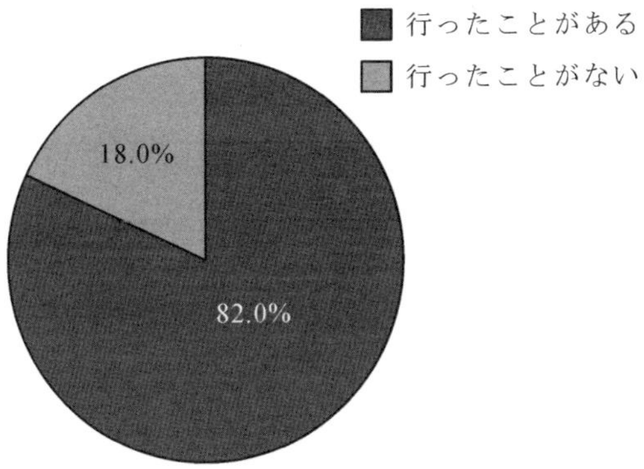

図7-2　回答者全員が農家楽への関心度

3. 農家楽の選好順位

図7-3を見ると、回答者全員の農家楽の選好順位では、観光地農家楽が63.0%を占め、最も人気であった。次の都市近郊農家楽は23.0%であり、2番目となっていた。辺鄙農山村地農家楽の割合は最も低かった。3種類の農家楽の間で統計的に有意差があった。

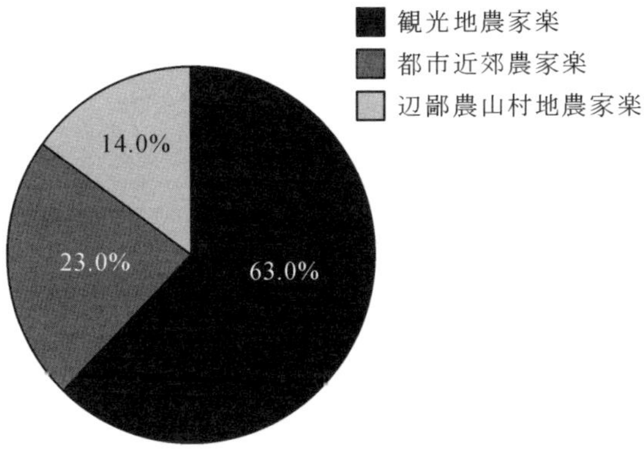

図7-3　農家楽の選好順位

次の項目4と項目5は、行ったことがある人をAタイプ、行ったことがない人をBタイプに分けて分析した。

4. Aタイプ——行ったことがある人

(1)農家楽の行き先

農家楽に行ったことがあるAタイプの人の行き先を距離的な面から分類して尋ねたところ、省内へ行った人の割合が85.0%と最も高く、次は省外13.0%で、国外は2.0%であった(図7-4)。郷村性、家庭性と娯楽性の特徴を持つ農家楽の行き先に関しては、利用者が最も行きやすい省内を選んでいることが理解できる。

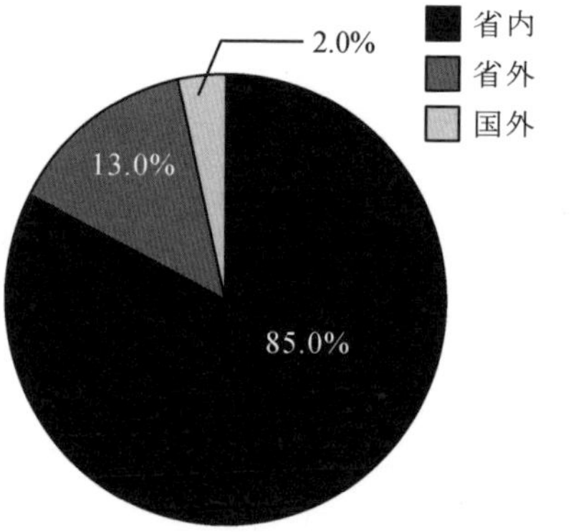

図7-4　回答者Aタイプの農家楽の行き先

(2)農家楽で体験した内容

農家楽で体験した内容を見てみると、「農家レストランで地元の食材を味わう」ことが最も多く選ばれ、その次は「自然の中での森林浴、トレッキング活動などの体験活動」「宿泊」「トランプ、麻雀」であり、続いては「漁獲、魚釣り」「自転車で観光」などの体験であった。多くの場合、農家楽を体験する際に、自然や農村の文化とふれあいがある体験内容が選択されていた(図7-5)。

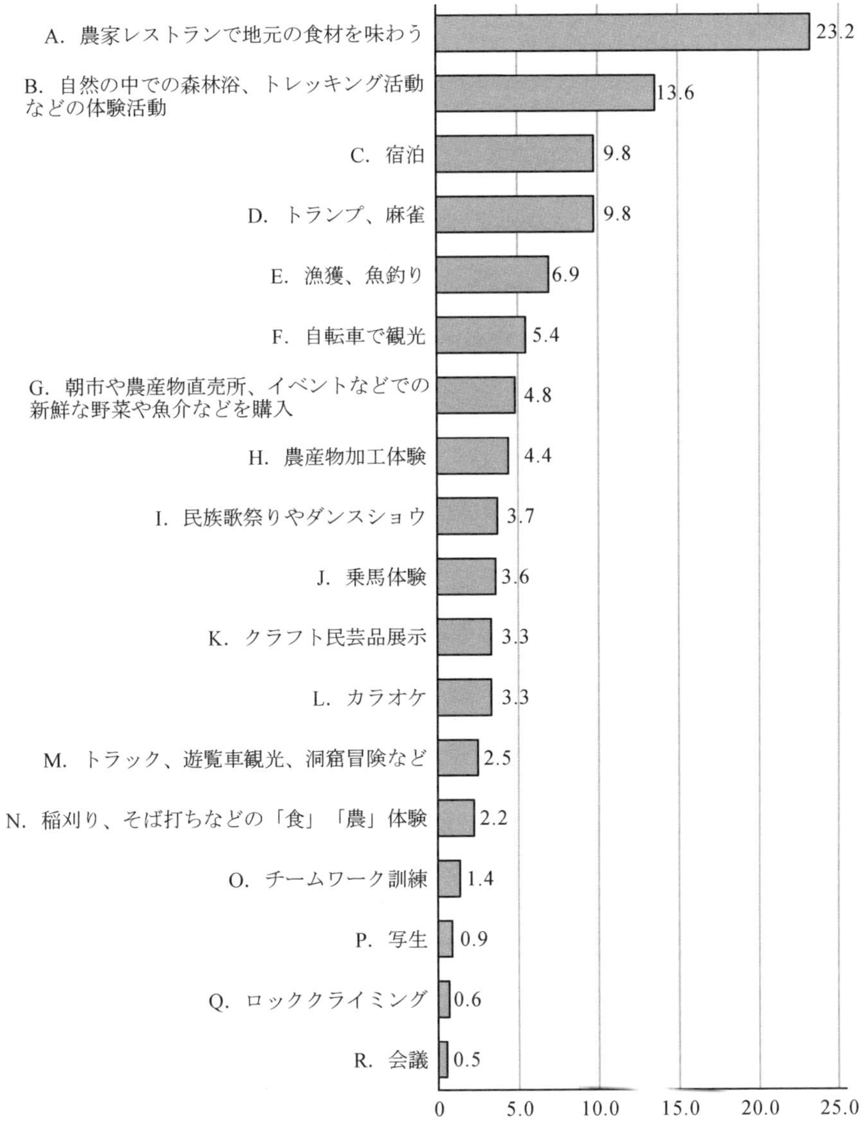

図7-5　回答者Aタイプが体験した内容

5. Bタイプ——行ったことがない人

(1)農家楽への体験希望

農家楽へ行ったことがないBタイプの人は、農家楽への体験希望を尋ねたところ、69.6%の人が体験してみたいが、30.4%の人はあまり体験してみたくないか参加したくないとの結果となった(図7–6)。

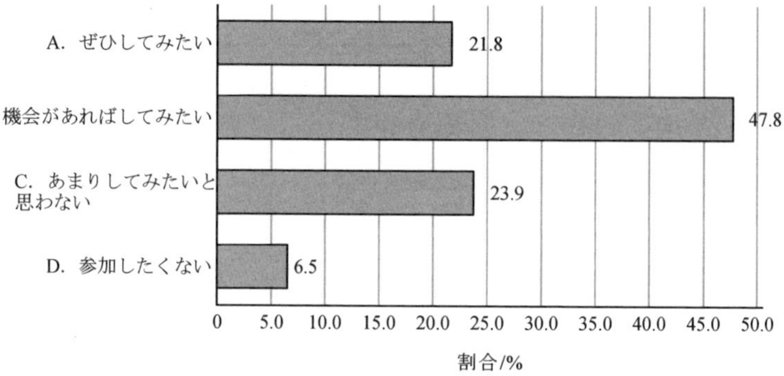

図7–6　回答者Bタイプが農家楽への体験希望

(2)農家楽を体験したくない理由

農家楽へ行ったことがないBタイプの人の中で、農家楽を体験したくない理由を聞いてみると、「費用が高い」の割合が最も高く、その次は「情報を知らなかった」「交通が不便で行く手段がない」となっていた。ここから、現在中国の農家楽はレベルがそれぞれであり、料金の基準もないため、費用に不安を感じる人が少なくない状況や、「情報を知らなかった」ことから、農家楽の宣伝不足の現状も伺われる(図7–7)。

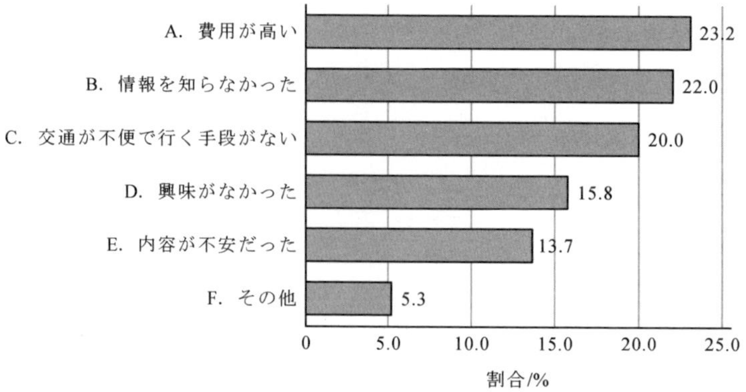

図7–7　回答者Bタイプが農家楽を体験したくない理由

(3)農家楽の体験内容への希望

農家楽へ行ったことがないBタイプの人は、最も体験したい内容が「地域の特産物を食べる」であった。ここから、現在中国の農家楽は農家レストランとして広く認知されているのではないかと思われる。その次は「温泉」「登山、ハイキングなどで鍛える」「加工体験」などの体験であった。「教育研修など」の割合は最も低かった(図7-8)。

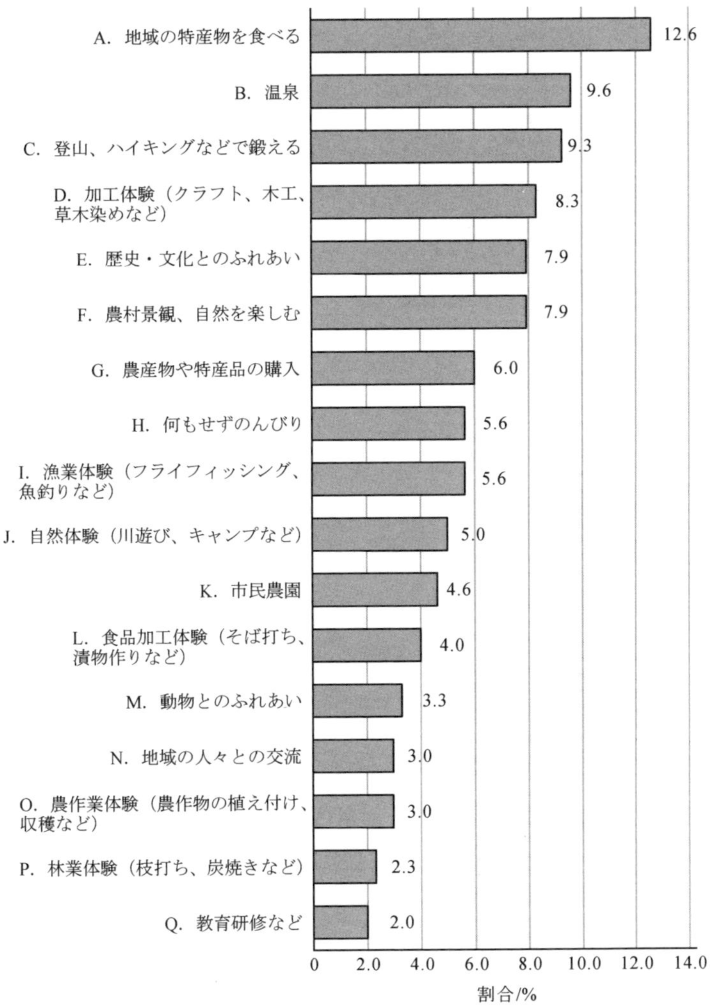

図7-8 回答者Bタイプが農家楽を望む体験内容

6. 同行したい人・グループ

農家楽を体験する際の同行者としては、「家族・親戚」の割合が41.0%で最も多くを占めた。その次は「カップルのみ」であり、26.1%となっていた。新しい観光形態としての農家楽は、安価かつ都市から遠くない、休日に出かけやすいなどの特徴を持っているため、家族に受け入れられやすい傾向が見られる(図7-9)。

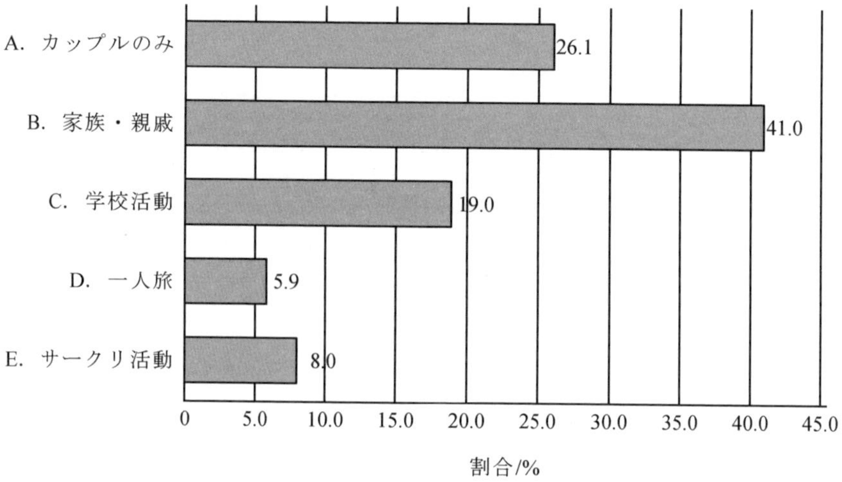

図7-9　農家楽を体験する際に同行したい人・グループ

7. 希望する宿泊日数

農家楽を体験する際に、日帰りの利用者は44.4%を占めた。その次は1泊2日の短期滞在で40.7%と同程度であった。2泊3日以上の割合は14.9%しかなかったが、現在中国の農家楽は短期滞在が主流となっていることが伺われる(図7-10)。

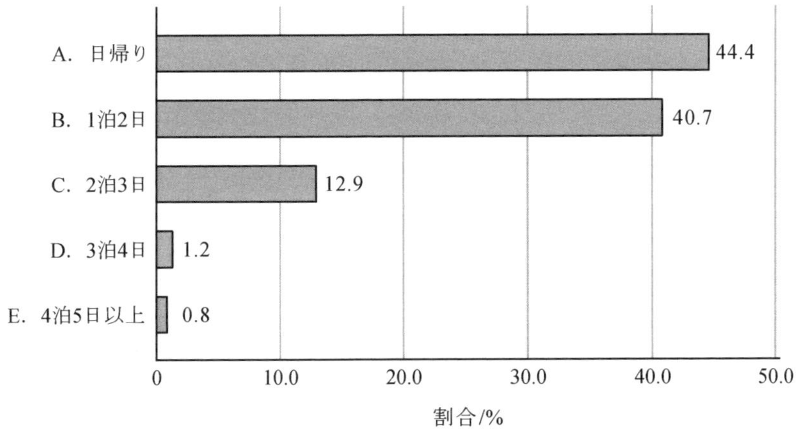

図7-10　希望する宿泊日数

8. 受け入れられる消費額

受け入れられる消費額をスタージェスの公式によって9階級に区分した(表7-2)。階級の幅は217元となっている。表7-2と図7-11を合わせて見れば、「50元以上294元未満」の割合が最も高く、その次は「294元以上538元未満」であった。「782元以上1026元未満」は3番目となっていた。農家楽を体験する際に、「安価な料金」が求められる傾向が見られる。また、「782元以上1026元未満」のやや高い選択も見られるが、これは長期的な宿泊への希望をも含めていると考えられる。

表7-2　受け入れられる消費額のスタージェス階級表

消費額	階級値	度数	相対度数
50元以上267元未満 (￥943.5～￥5038.3)	158.5元 (￥2990.9)	14	0.438
267元以上484元未満 (￥5038.3～￥9133.1)	375.5元 (￥7085.7)	4	0.125
484元以上701元未満 (￥9133.1～￥13227.9)	592.5元 (￥11180.5)	4	0.125

続　表

消費額	階級値	度数	相対度数
701元以上918元未満（￥13227.9～￥17322.7）	809.5元（￥15275.3）	1	0.031
918元以上1135元未満（￥17322.7～￥21417.5）	1026.5元（￥19370.1）	5	0.156
1135元以上1352元未満（￥21417.5～￥25512.2）	1243.5元（￥23464.9）	0	0
1352元以上1569元未満（￥25512.2～￥29607.0）	1460.5元（￥27559.6）	1	0.031
1568元以上1786元未満（￥29607.0～￥33701.8）	1677.5元（￥31654.4）	0	0
1786元以上2003元未満（￥33701.8～￥37796.6）	1894.5元（￥35749.2）	3	0.094
スタージェスの公式による階級:9			
階級の幅:217(元)(約￥4094.8)			

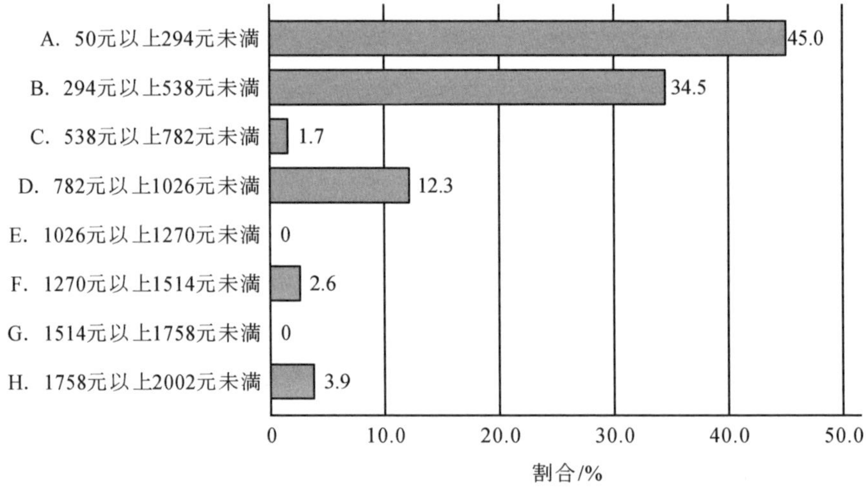

図7-11　受け入れられる消費額

9. 農家楽を体験する際の希望条件

農家楽を体験する際の希望条件を見てみると、「気候など自然的な快適性」の割合が15.8%で、最も多く占めた。その次は「体験・サービスの充実」14.8%、「安価な料金」と「周辺の観光施設の充実」12.6%で、「食事の質」12.2%という順番になっていた(図7-12)。

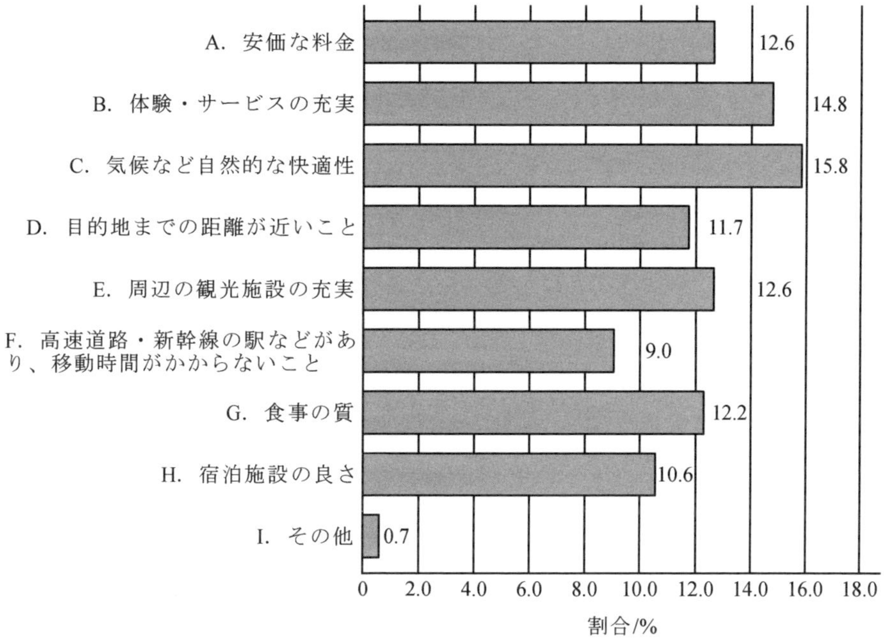

図7-12　農家楽を体験する際の希望条件

10. 今後の農家楽への期待

今後の農家楽への利用意向から見れば、「体験メニューが類似、単一で面白くない」という不満が最も多かった。その次は「体験施設の整備」への意向は17.4%で、2番目となっていた。現在中国の農家楽の利用者はまだ欧州のように農家でゆっくり休暇をするより、体験内容の豊かさや施設の水準への希望が大きいことが伺われる(図7-13)。

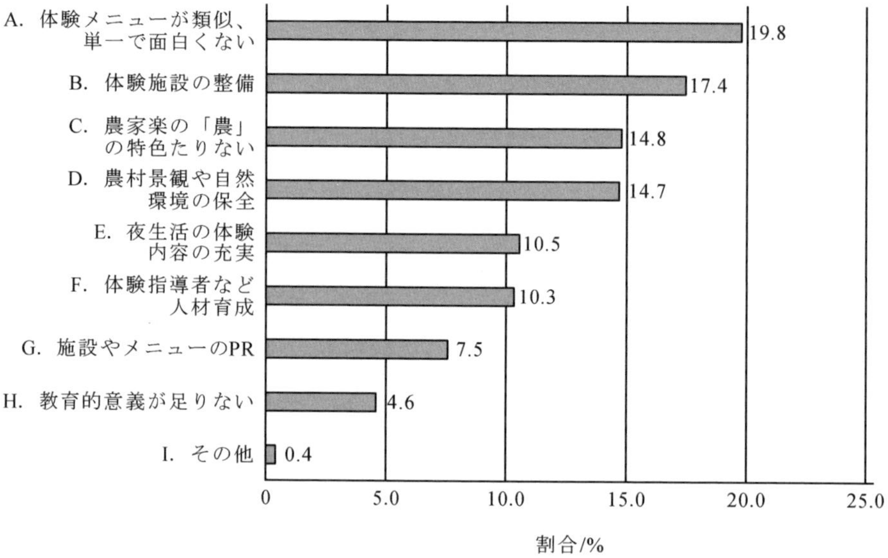

図 7-13　今後の農家楽への期待

回答者全員の農村・農家楽に対するイメージ及び農家楽の利用実態の結果を以下のようにまとめることができる。

第一に、全員農村・農家楽に対してよいイメージを持っている人が多かった。そして、その中で8割以上の回答者は農家楽を体験したことがあり、農家楽への関心度が高かったといえる。しかし、最も行きたい農家楽の種類に関しては、ありのままの農村風景を持っている辺鄙農山村地農家楽は都市近郊農家楽や観光地農家楽よりアクセスが悪いなどのため、最も人気が低かった。現在中国の若者は農家楽を選ぶ際に、目的地までの行きやすさを考えている一方、日本やヨーロッパのように本当の農村に出向き、「農」を楽しもうという意識も未だ高くないと判断できる。

第二に、全員農家楽を体験する際に、家族と一緒に参加する割合が最も高かった。そして、短期滞在かつ安価な料金が最も希望されるため、これからの農家楽は短期滞在ができる安価なファミリープランなど手軽さをウリにした滞在プログラムの提供が求められる。

第三に、農家楽を体験する際の希望条件に関しては、気候と自然の快適性が最も重視され、その次は「体験・サービスの充実」と「安価な料金」であった。自然が豊かな農村地域で、体験メニューが豊富で、かつ料金も安いことは農家楽利用者の希望であることが分かった。また、農家楽の今後の希望を見ると、体験メニューが単一で、体験施設の整備への意向の割合が高かった。現在中国の国民は農家楽を利用する際に、農家楽の立地環境に加えて体験の多様性を重視する傾向が顕著である。

第四に、農家楽へ行ったことがあるAタイプの人は、行き先の中で省内の割合は国内、国外より高かった。行きやすさや目的地までの距離などの条件も農家楽への志向に大きく影響を及ぼしていることが明らかとなった。体験した内容を見ると、農家レストランで地元の食材を味わうことが最も多く選ばれた。一方、農家楽へ行ったことがないBタイプの人の中で、およそ3割の人は農家楽を体験したくないことが分かった。その理由を見てみると、費用の高さや交通不便などの割合が高かった。この点から体験内容と費用の関係の明確化や正確な情報提供、交通条件の改善などにより、利用者をさらに増加させる可能性が伺われる。また、7割弱の人は農家楽を体験してみたいが、希望の体験内容を見てみると、Aタイプと同じく、農家レストランで地元の食材を味わう割合が最も高かった。ここから、現在の中国で農家楽は農家レストランとして広く認められている傾向が伺われる。

第3節　観光専門の学生と一般学生の農村・農家楽への イメージ及び農家楽の利用実態の差異

観光専門の学生と一般学生の間に農村・農家楽へのイメージ及び農家楽の利用実態の差異についての検定結果を表7-3に示す。表7-3の結果を見ると、調査項目の「農家楽を体験する際の希望条件」以外の各項目は有意差がないことが分かった。「農家楽を体験する際の希望条件」には、「A. 安価な料金」「B. 体験・サービスの充実」「C. 気候など自然的な快適性」「D. 目的地までの距離が近いこと」「E. 周辺の観光施設の充実」「F. 高速道路・新幹線の駅などがあり、移動時間がかからないこと」「G. 食事の質」「H. 宿泊施設の良さ」「I. その他」の9つの選択肢がある。これらのうち、A、B、C、D、Hの5つの条件について、有意差が認められた。

表7-3　観光専門の学生と一般学生の農村・農家楽へのイメージ及び農家楽の利用実態

調査項目	χ2統計量	確率(p)
農村に対するイメージ	8.9407	—
農家楽に対するイメージ	5.2937	—
農家楽への関心度	5.8823	—
Aタイプ——行ったことがある人		
①行き先	2.8374	—
②体験した内容	12.2509	—
Bタイプ——行ったことがない人		
③体験希望	6.4421	—

続　表

調査項目	χ2統計量	確率(p)
④体験したくない理由	2.5185	—
⑤体験内容への希望	9.0896	—
同行者	0.8809	—
宿泊日数	3.4108	—
受け入れられる消費額	9.3352	—
農家楽を体験する際の希望条件	137.026	※
農家楽への期待	6.7164	—

注:ピアソンのカイ二乗検定を利用した結果。

まず、観光専門の学生は一般学生より、「B. 体験・サービスの充実」(p=0.0049)、「C. 気候など自然的な快適性」(p=0.0005)、「D. 目的地までの距離が近いこと」(p=0.0085)と「F. 高速道路・新幹線の駅などがあり、移動時間がかからないこと」(p=0.0010)を重視している傾向が見られる。即ち、観光専門の学生は気候など自然的な快適性を最も優先的に考え、次いで体験・サービスの充実、目的までの距離、移動時間がかからないことを重視していることが明らかとなった。一方、一般学生は観光専門の学生より、「A. 安価な料金」(p=0.0021)を最も重視していることが明らかとなった(図7-14)(※をつけている項目は有意差がある項目である。以下同じ)。

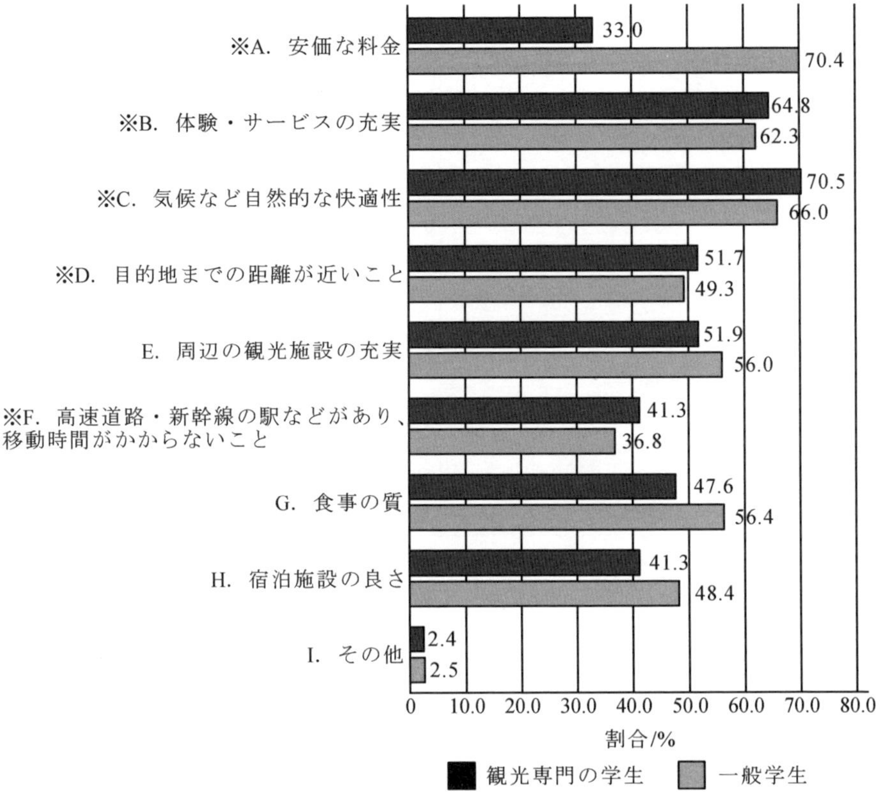

図 7-14　観光専門の学生と一般学生が農家楽を体験する際の希望条件

（ピアソンのカイ二乗検定を利用した結果）

観光専門の学生と一般学生が農村・農家楽へのイメージ及び農家楽の利用実態の結果を以下のようにまとめることができる。

第一に、観光専門の学生は一般学生より体験・サービスの充実、気候など自然的な快適性、目的地までの距離が近いことと高速道路・新幹線の駅などがあり、移動時間がかからないことを重視している傾向から、観光専門の学生は観光地農家楽への強い希望が見られる。一方、一般学生は観光専門の学生より安価な料金を重視している。即ち、農家楽を体験する際に、観光知識を持っていない普通の学生は料金の安さのみを考えていることが明らかとなった。

第二に、全体から見れば、観光専門の学生と一般学生の間には、観光知識を持っているかどうかに関わらず、農家楽を体験する際の希望条件以外意識と利用実態にほとんど差がなく、あるがままの農山村を楽しむようなグリーン・ツーリズムらしさが特別に意識されてはいない状況が浮き彫りとなった。これは現在の中国の専門的観光教育は、グリーン・ツーリズムに関する知識を十分に伝えきれていないとの状況にあると思われる。

第4節　「辺鄙農山村地農家楽」希望者と非希望者の農村・農家楽へのイメージ及び農家楽の利用実態

三農問題が具体的に現れている一般的な農山村への富の再分配の回路として、辺鄙農山村地農家楽の発展は極めて重要な役割を持つと考えられるため、辺鄙農山村地農家楽利用の希望者を増やすよう、マーケティングを行う必要があると考えられる。そこで現時点での「辺鄙農山村地農家楽」希望者と非希望者の間に、農村・農家楽へのイメージ及び農家楽の利用実態について差がないかを検定した結果、「農家楽を体験する際の希望条件」という項目のみ有意差が見られる(表7-4)。

表7-4　「辺鄙農山村地農家楽」希望者と非希望者の農村・農家楽へのイメージ及び農家楽の利用実態

調査項目	χ2統計量	確率(p)
農村に対するイメージ	6.4237	—
農家楽に対するイメージ	3.0523	—
農家楽への関心度	0.2441	—

続　表

調査項目	χ2統計量	確率(*p*)
Aタイプ——行ったことがある人		
①行き先	3.0109	—
②体験した内容	18.8733	—
Bタイプ——行ったことがない人		
③体験希望	1.0917	—
④体験したくない理由	3.2561	—
⑤体験内容への希望	12.4855	—
同行者	5.5855	—
宿泊日数	2.2308	—
受け入れられる消費額	6.1028	—
農家楽を体験する際の希望条件	35.1871	※
農家楽への期待	6.2920	—

注:ピアソンのカイ二乗検定を利用した結果。

「農家楽を体験する際の希望条件」の各項目を更に検定した結果から見ると、「辺鄙農山村地農家楽」希望者は非希望者より、「A. 安価な料金」を重視していることが分かった。一方、「辺鄙農山村地農家楽」非希望者は希望者より、農家楽を体験する際に「G. 食事の質」($p=0.0037$)、「H. 宿泊施設の良さ」($p=0.0360$)と「I. その他」($p=0.0042$)を順番に重視していることが分かった(図7-15)。

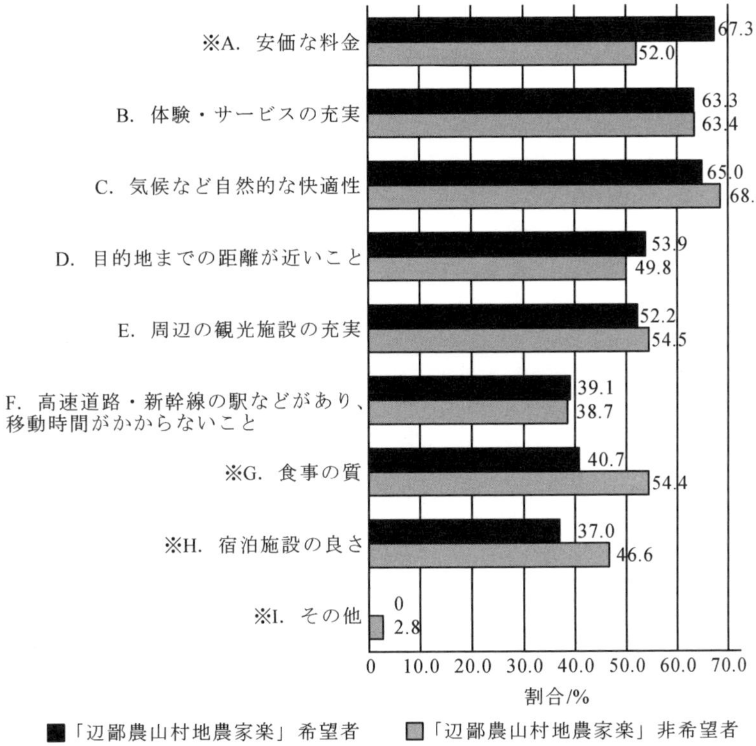

図7-15　「辺鄙農山村地農家楽」希望者と非希望者が農家楽を体験する際の希望条件

（ピアソンのカイ二乗検定を利用した結果）

また、農村・農家楽に対するイメージ及び農家楽の利用実態に関するすべての調査項目について、「辺鄙農山村地農家楽」希望者と非希望者の選択項目を残差分析したところ、農村・農家楽に対するイメージの各選択項目には有意差がなかった(表7-4)。農家楽の利用実態の中では、Aタイプ——体験した内容の「N. ロッククライミング」群、宿泊日数の希望の「C. 2泊3日」群のみは統計的に有意差が認められることが分かった。それぞれの分析は以下のようになる。

まず、農家楽に行ったことがあるAタイプ——体験した内容について、「辺鄙農山村地農家楽」希望者は、「A. 農家レストランで地元の食材を味わう」「B. 宿泊」「E. 自然の中での森林浴、トレッキング活動などの体験活動」「M. 自転車で観光」「O. 漁猟、魚釣り」などの希望が比較的に多かった（図7-16）。「辺鄙農山村地農家楽」希望者は非希望者より宿泊や自然とのふれあいが多い体験内容を希望している傾向が見られる。

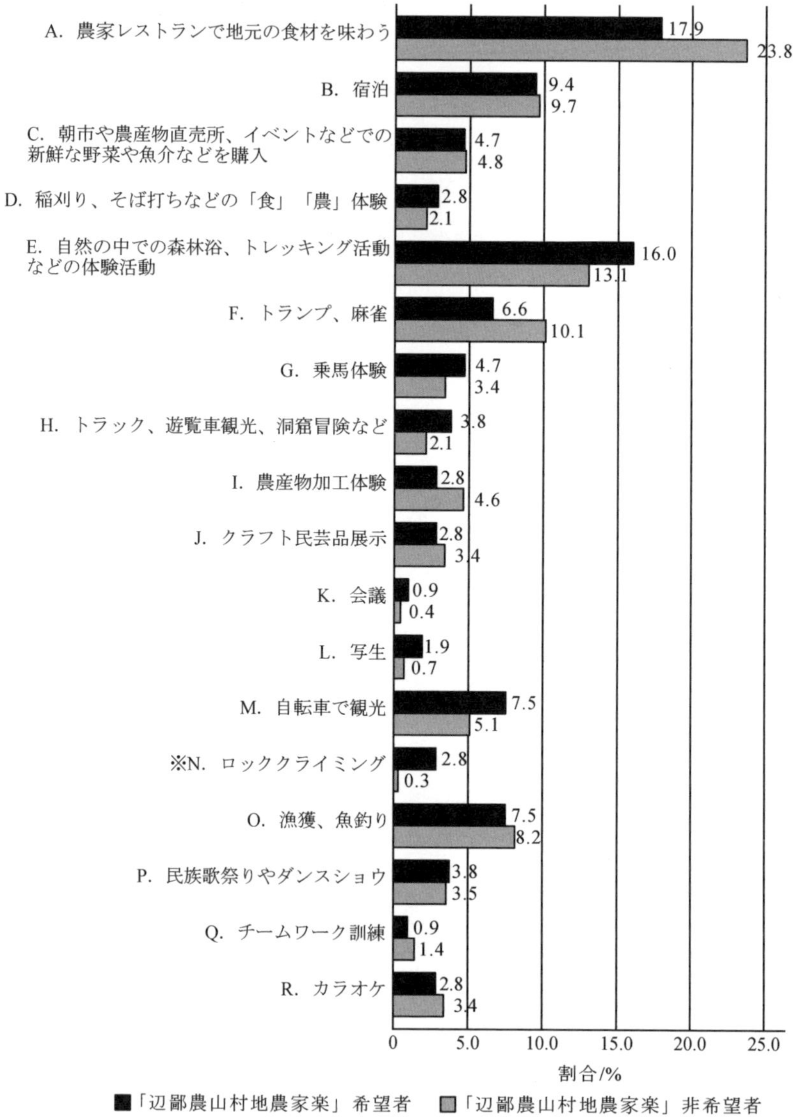

図7-16 「辺鄙農山村地農家楽」希望者と非希望者のAタイプが体験した内容

そして、「辺鄙農山村地農家楽」希望者と非希望者の間に宿泊日数の希望の「2泊3日」群も有意差が認められる。宿泊日数の希望に関しては、図7-17に示す。図7-17から見ると、「辺鄙農山村地農家楽」希望者は、非希望者より「日帰り」や「1泊2日」の短期滞在がやや少なかったが、「2泊3日」($p=0.0356$)以上の長期滞在はやや割合が高い傾向が見られる。

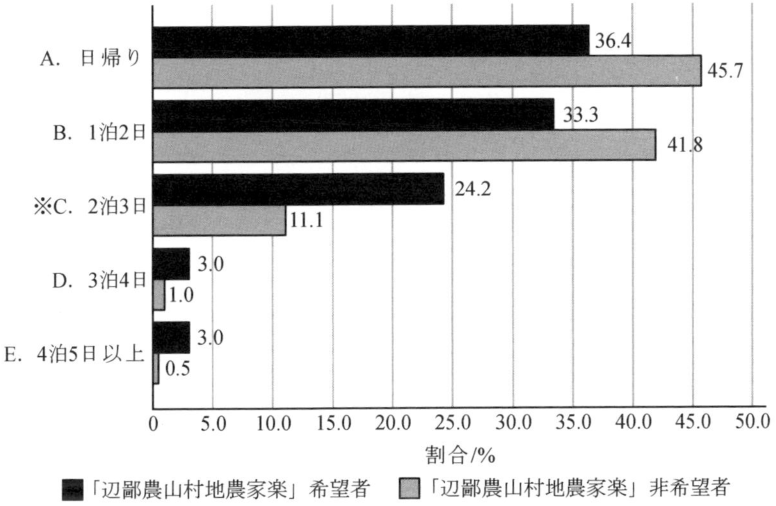

図7-17　「辺鄙農山村地農家楽」希望者と非希望者の希望する宿泊日数

（ピアソンのカイ二乗検定を利用した結果）

「辺鄙農山村地農家楽」希望者と非希望者の農村・農家楽へのイメージ及び農家楽の利用実態の結果を以下のようにまとめることができる。

第一に、「辺鄙農山村地農家楽」希望者は料金の安さを重視している一方、非希望者は食事の質、宿泊施設の良さとその他を重視していた。ここから、現時点の辺鄙農山村地農家楽は利用者を増やすため、料金の安さを確保する一方、食事の質や宿泊施設の改善を検討する必要があると思われる。

第二に、農家楽を体験する際の希望条件では、「辺鄙農山村地農家楽」希望者は非希望者よりロッククライミングを好む傾向が見られる。辺鄙農山村地の農家楽は現地の自然環境を利用し、ロッククライミングのようなスポーツ体験などを特徴的な体験を用意する必要があると思われる。また、宿泊日数に関しては、「辺鄙農山村地農家楽」希望者は非希望者より2泊3日の割合が高かった。中国では、2月の春節と10月の国慶節は1週間の休暇を除き、ほぼの祝日は3日間となっている。「辺鄙農山村地農家楽」希望者は祝日に農家楽で過ごす傾向が非希望者より高かった。そして、全体から見れば、「辺鄙農山村地農家楽」希望者の長期滞在の意向も見られる。

第5節　アンケート調査のまとめと考察

アンケートの結果から明らかになったことは以下のようになる。

第一に、現在中国では、多くの若者たちが農村・農家楽に対して良いイメージを持っている。そして、農村より農家楽に対するイメージのほうがやや良い傾向も見られる。都市と農村格差解消を目指した施策である新農村建設の一環としての「美しい農村づくり」は全国的に盛んとなっており、都市住民の健康志向と相まって、農村生活や農業体験、農産物の品質などへの関心が非常に高まってきている。これらの「農」に対する需要は農家楽の持続発展に極めて大切な条件と考えられる。

第二に、3種類の農家楽の利用実態を調査した結果から見ると、周辺観光名所がある観光地農家楽か交通便利かつ短距離の都市近郊農家楽の利用は盛んであるが、「農」の特色が非常に強く、自然が豊かな辺鄙農山村地農家楽の利用は最も少なかった。それは中国における都市住民のグリーン・ツーリズムに対する意識の成熟度の問題である。著者の農家楽に関するヒアリング調査に基づく研究結果では、現在の中国で浙江省のような都市化が極めて進んでいる地域でも農山村地域の自然や景観のありのままの姿を楽しむ意識は未だ未成熟である可能性が示唆されたが、今回の意識調査を見れば、都市住民の農への潜在的なニーズの高さは示されても、実際に本当の農村に出向き、「農」を楽しもうという意識は決して高くない。即ち、農村や農産品への関心は高まってきているが、そのことと農山村を実際に訪れることには、まだ大きな隔たりがあるといえよう。

第三に、観光専門の学生と一般学生の間に、農村・農家楽に対するイメージ及び農家楽の利用実態を把握調査したところ、「農家楽を体験する際の希望条件」でしか差が認められなかった。中国では、1990年代以降の農業と観光業の発展及び農村環境の改善に伴い、グリーン・ツーリズムが次第に発展してきている。極めて新しく登場したもので、まだ日は浅いため、現在中国の観光教育では、グリーン・ツーリズムに関する知識を十分に伝えきれていないのではないかと考えられる。とはいえ、自然条件や体験内容に注目する傾向も見られ、このような方向性を促進することが辺鄙農村農家楽の振興にも重要であると考えられる。

第四に、実際に農家楽を利用したことがある、かつ辺鄙農山村地農家楽を希望するタイプの人には、自然とのふれあいが多い体験内容や長期的な滞在及び安価な料金への希望が見られる。この希望は辺鄙農村農家楽において十分にかなえられるものと位置づけられよう。しかし、上記第二に述べられるように、全体として辺鄙農村農家楽の利用は決して多くなく、2013年の農家楽に関するヒアリング調査からも、辺鄙農山村地農家楽の現実の経営は困難に直面していることも分かった。辺鄙農山村地農家楽を農山村への富の再分配への一つの方法として機能させるためには、利用者の増加が必要であり、「自然とのふれあいが多い体験内容や長期的な滞在及び安価な料金設定」を希望するような都市住民の意識の醸成と辺鄙農村農家楽サイドからのマーケティングが不可欠といえよう。

以上の結果から、現在の中国で農家楽を農村振興の手段として発展させるため、将来の方向性としては以下のように考察できる。

第一に、ありのままの農山村を楽しむ美意識を醸成する。

調査の結果からは、若者は農村・農家楽へのイメージはよかったが、実際の利用行動としては、辺鄙農山村地へ行き、本当の「農」を楽しもうという意識はまだ低いことが明らかとなった。この意識を醸成するため、都市と農山村の関係を「対立」から「融合」へと誘導するように種々の対策を実施する必要がある。日本においては、子供を対象とした農山村体験交流のセカンドスクール事業を開催したり、農山村地域では遊休農地の解消や都市農山村交流による地域活性化などを目的としての市民農園を開設したりしている。現在の中国では、農山村に対する「美」意識を醸成するため、このような交流活動によって都市住民に農村の実態を理解させることが極めて重要といえる。

第二に、グリーン・ツーリズムに関する知識を伝達する。

アンケート調査の結果から見れば、現在中国の観光専門の学生と一般学生は農村・農家楽に対するイメージ及び農家楽の利用実態には「農家楽を体験する際の希望条件」でしか差がなかった。グリーン・ツーリズムは従来の観光対象とならなかった地域に赴く新しい観光の形として注目されており、観光を専攻する学生は一般学生よりもグリーン・ツーリズムに関する知識を備えるべきであると考えられるが、実際にはその差は大きくないことが明らかになった。しかしながら、自然条件や農山村での体験を重視する傾向も垣間見られたことから、この方向をさらに促進していくことが必要であるといえるであろう。即ち、農村振興及び観光業の持続発展のため、中国の観光教育分野では、時代の発展とともに、グリーン・ツーリズムなどの新たな観光形態に関する授業や知識を教授することが必要であるといえる。

第三に、地域資源を発掘する。

アンケート調査の結果を見ると、辺鄙農山村地農家楽の潜在利用者は、地元の食材を味わったり、自然の中での森林浴やロッククライミングなどを体験したりして、長期宿泊を望むことが分かった。また農家楽を利用する際に、安価な料金も最も希望されている。このような潜在利用者を招くため、辺鄙農山村地農家楽は恵まれた地域資源を発掘し、自然とのふれあいがある体験メニューを増やしていくことが重要である。そして、自家産の食材あるいは地元の食材を活かし、地域独特の料理を提供する一方、コストの削減も求められる。また、農家民宿を整備しながら、「ふるさと村」的な長期滞在ができる環境づくりに力を入れるべきである。

第8章
課題と展望

本書では、新しいあり方を探るためにグリーン・ツーリズムの誕生から現在に至るまでを見てきた。ヨーロッパのグリーン・ツーリズムの歴史及び概念に基づき、日本のグリーン・ツーリズムの展開及び典型的事例を見ていくことで、グリーン・ツーリズムは地域資源を活かし、自然保護にもつながる将来性・持続性のある観光形態であることが明らかとなった。そして、現段階の中国のグリーン・ツーリズムにおいて日本のグリーン・ツーリズムに期待されているような対等な関係を伴った都市農村交流や両者の連携・協働への展開が確認される状況には長くて分かりづらいが、郷村観光の営業収入などから見れば、日本のグリーン・ツーリズムと近づけるようになったことも見られる。

中国のグリーン・ツーリズム(農家楽)の背景及び現状を踏まえ、日本や欧米などの先進国のグリーン・ツーリズム運営のノウハウを参考に、政府側、経営者側、地域側、利用者側、教育機関側図8-1のように考察できる。

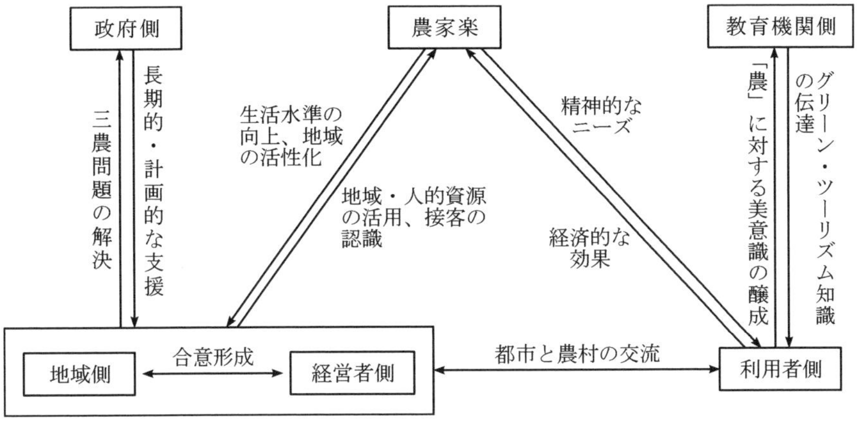

図8-1　農家楽の発展を図るための諸要素

図8-1を詳しく説明すると、以下のようになる。

1.（政府側）公的機関の長期的・計画的な支援

中国のグリーン・ツーリズムがこれからの実践の課題としては「質の確保」である。厳しい品質管理（寝室やトイレなどの衛生管理をはじめとする、宿泊機能の細項目の点検管理）による等級制度は、利用者への確かな情報として発信し、全国一律の品質法が大切である。近年、中国でも、農家楽を標準化する意識が徐々に強くなっている。全国標準公共サービスプラットフォームに検索して見れば、農家楽に関する業界標準、地方標準及び団体標準など、およそ60件以上の規格が配布されていた。例えば、農家楽のサービス規範、農家楽のサービス質の等級分類、農家楽の建設規範などがある。各省政府は自らの事情によって、地方標準を実施しているが、多数の規格の中で、農家楽の定義を郷村ホテルと混雑し、評定基準も混じている場合がよく見られる。そして、各省の標準も異なり、全国での等級制度が不十分である。もちろん、各省の経済水準、特に西と東の農村地域の発展レベルは大きな差があるから、完全に統一にするのは難しい。ただし、全国で個性的な農家楽の実践が広まりつつある現在、自己満足や自己本位ではない、確かな交流ビジネスの品質を確報するためには、まずは基本的な理念を共有するとともに、厳格な基準を関係者相互の共通理解のもとに設け、惰性に落ちないように、品質管理のための点検制度を全国的なネットで整備する必要がある。

一方、金銭面での支援については、農村地域の自然資源を利用しすぎ、農村地域に経済的な貢献が少ない高級民宿や郷村ホテルは、本当の農家が経営している農家楽とよく分別し、長期的かつ多元的な支援体制を確立する必要がある。もちろん、「過保護・過剰支援」の農業・農村振興事業への補助事業を避けることをも念頭に置かなければならない。グリーン・ツーリズムの真の意味での「公共性」を意識しながら、農政における「国民的視点」への転換に要点がある。そのため、政策の「単年度主義」から「継続主義」への転換も必要とされている。

2.（経営者側）地域·人的資源の活用及び接客としての認識

(1)地域資源の発掘と体験メニューの多様化

地域づくりで導き出された地域の資源やコンセプトがすべて観光客に受け入れられるわけではない。したがって、地域に存在する資源のみに限定して観光の資源を考えるのではなく、「観光客に対して訴求力を持つ資源とは何か」という発想も同時に必要である。即ち、「地域にどんな資源が存在するか」と「消費者である観光客はどんな資源が魅力的と感じるか」という視点が必要である。第7章に述べたように、利用者全体は自然とのふれあいがある体験メニューが希望されている傾向が見られる。現段階の中国の農家楽では、地域資源を発掘し、様々な体験メニューを豊富にすることが大事である。特に辺鄙農山村地農家楽は恵まれた自然資源を活用しながら、地元の食材を味わったり、自然の中での森林浴やロッククライミングなどを体験したりして、長期宿泊の傾向がある潜在利用者を招くことが重要である。具体的な成功モデル事例としては、第4章で挙げられた日本の群馬県利根郡川場村の事例である。中国でも、都市の地区と豊かな自然に恵まれた山村自治体と提携し、区民に「ふるさと感」を味わせ、健康的な余暇時間を過ごせるレクリエーション施設を設置し、自治体相互、住民相互の交流により地域活性化を図ろう。そして、移動教室や様々なイベントなどを通じる交流を行いながら、村民と区民が自由に行き来し、自発的な交流できるようにするのも参考できる方法である。具体的な交流事業は現在中国の農村の状況に合わせた企画・運営を目指し、4つのステップが考えられる。

ステップ1は「いつでも楽しめるオプショナルイベント」である。このターゲットは持続的な交流事業への参加が期待できる、新規利用者と子供連れ(家族)層である。「ナイトハイクツアー」や「カントリーガイドウォーク」ツアーなどの本格的な自然体験によって、村の自然環境や文化などを学ぶ。

ステップ2は「また来たくなる交流事業」である。季節に応じる果物の収穫などの日帰りツアーや、山の渓流に身を置くフライフィッシングスクールや、手作りそばの会、レンタル果樹、棚田オーナー制度やレンタル農園を通じ、村民との交流も深める。

ステップ3は「里山づくりを学ぶ」である。里山の景観を守る異議や楽しさを知り、里山づくりに欠かせない、それぞれの分野の技術を習得し、専門的な知識を学ぶ。

ステップ4は「交流事業から発展した自主活動」である。村に求められた様々な技術を取得し、村の作法を理解した交流事業参加者は村のサポーターとなる。

このように、中国の農家楽地区、特に辺鄙農山村地の農家楽でも、農山村ならではの豊かな自然に恵まれ、郷村観光の理想地として、都市部の住民と「健康村づくり」のような事業は現段階の最も求められることであるといえよう。

(2)人的資源の活用

グリーン・ツーリズム事業を推進するため、地域住民の積極的な経営意思の存在や集落・地区の協力が重要であり、地域の人的資源を最大限に発揮することが不可欠である。即ち、「山村地域に眠る地域資源(労働力、技術を含む)を活かし、山村住民がコミュニティでの人とのつながりを大事にしながら、自発的に山村問題の解決や山村再生、山村活性化に取り組み、ビジネスとして成り立たせる活動」という山村コミュニティ・ビジネス(山村再生研究会 2015)の実践が大切である。いわゆるコミュニティのパワーといえよう。成功事例の中国台湾省の復興まちづくり「社区重建営造」から学べる。

中国台湾省は20世紀末農産物の輸出問題で、農業が大きな打撃を受け、農村自体が経済的に困窮した状態に陥っていた。しかし、その間に、山間地域で“9・21”地震が起きた。中国台湾省でも山間地域では、高齢化が進み、生産基盤であった農業も弱体化し、若者の多くは村を出た。農村の活性化という問題が中国台湾省でも大きな課題となっていた。こういう背景の中で、中国台湾省は、復興を住民の主体的な参加による「まちづくり:社区(コミュニティ)営造」として展開することとなった。

復興の基本的な考え方は「村の人は村で生活し、働くということがいちばん」である。集落を住民主体で復興していく為に、「社区発展協会(まちづくり協議会)」を立ち上げ、専門家支援や初動期の活動資金を“9・21”地震重建基金会が支援した。この山間地域の村の誇るものは豊かな自然である。この「自分たちの資源」を活用し、多くの集落や村で生態村づくりによる都市住民との交流を基底とするグリーン・ツーリズム村やエコ村おこしが展開されていった。また、その実現のために傷んだ山道や農道を修理し、観光用の施設などを村の人たちの力を使って再建・復興したいと考えた。これらの事業によって、村の人たちも雇用され、わずかながらでも収入を得ることができた。桃米社区という社区は、「民宿組」「レストラン組」「空間組」「解説組」を作り、村の人を雇って営業し、村くるみでのツーリズムとして、民宿営業者、民宿で働く人、ガイド、遊歩道の補修など、それぞれの収入に応じ、各人の収入の5%～10%を出資しあい、「桃米社区公基金」を作り、地域内経済を活性化させる仕組みになっている。このような山の自然や、川の自然などを活かした生態村づくり、グリーン・ツーリズム、エコツーリズムといった地域の資源の自然を生かし、村全体で仕事し、自立・自活していく持続的な発展可能の村おこしの選択、スローフード、スローライフの生き方は、中国における辺鄙農山村地域での村おこしの一つのモデルになると考えられる。

(3)接客業としての認識

いかに素朴さが売りのグリーン・ツーリズムであっても、観光客という「客」を相手とした接客業であることの自覚が必要である。顧客の確保ができなければ、グリーン・ツーリズム事業も成り立たない。現在中国のグリーン・ツーリズムにおいては、農家楽の衛生・安全面での向上や従業員の教育、施設、サービスの品質などがまだ大きな問題となっている。経営者は施設やサービスの水準を改善するとともに、「人と人との接点において顧客が感じる満足感」というホスピタリティ意識の醸成も農家楽の持続発展には不可欠である。

また、第7章のアンケート調査結果では、一般学生は観光専門の学生より安価な料金を重視ている傾向も見られる。経営者はサービスの品質などを向上するとともに、コストを削減し、利益を確報しながらより低い料金の基準を設定することも必要といえるであろう。

3.（地域側）地域ぐるみの取り組み

調査地の観光地農家楽では、集落や地区の協力でグリーン・ツーリズム事業の開始段階では、順調な様子が見られる。しかし、利益の駆り立て、村内の農家楽も競争が激しくなり、従来強い地縁に基づく運命共同体のような一体感は失われつつある。都市農山漁村交流活性化機構は、地域ぐるみの受け入れ事業を地域の活性化とつなげる；高齢者の生きがい対策になる；個人経営と違い、事業に永続性がある；行政などの協力があり、宣伝しやすい；マスコミで紹介されやすい；補助金の交付などの行政支援を得やすいなどのように、6つの利点を取り上げた。例の観光地農家楽では、永続的な経営を図るため、まずは地域での合意形成が大事である。公衆交通不便などの問題に関しては、集落内の農家楽の経営者全員を集め、行政の支援をもらいながら、共同出資で定期便のバスをレンタルするなども解決の有利手段になる。また、住民有志の参画による新しい推進計画づくりも必要である。農家楽の先進地、特に集落の力を結集した共同受け入れの成功地区へ視察し、研修会や研究会などの学習活動を行うことも必要である。

4.（利用者側）「農」に対する美意識の醸成

前述した第6章と第7章の調査結果から見れば、現在中国のグリーン・ツーリズムで一番足りないのは「農」に対する美意識の醸成である。この意識を醸成するため、都市と農山村の関係を「対立」から「融合」へと誘導するため種々の対策が行う必要がある。例えば、前述した子供を対象とした農山村体験交流のセカンドスクール事業を通じ、児童に農業・農村への理解を深めさせる。また、このような交流プロジェクトは受け入れ地域においても、副収入増加などの経済的な効果はもちろん、高齢者の生きがい創出やコミュニティ活動が活性化するなどの社会的な効果も多数の研究者から指摘されている。そして、交流事業の以外でも、都市住民の「食」と「農」への関心の高まりや潤いと安らぎのある生活、土地や生き物とのふれあいに対するニーズに応えるとともに、都市的地域では農地の有効利用や都市住民の農業理解の促進などを、また農山村地域では遊休農地の解消や都市農山村交流による地域活性化などを目的としての市民農園の開設や都市住民の食の安全に対する不安を解消できる産直の取引などの手段も都市住民に農村の実態を理解させることができるのではないかと思われる。

総じていえば、「農」に関する意識の醸成は農家や地域のためのグリーン・ツーリズムという考え方だけでなく、都市住民のためのグリーン・ツーリズムという考え方でもあり、農山村と都市の連携を作りだすことである。また、その前提として、国民全体のグリーン・ツーリズムに対する合意形成である。「グリーン・ツーリズムが都市住民に提供するものは何か」「農村や自然を保全することが都市や社会全体にどんな影響があるのか」をPRし、グリーン・ツーリズムに対する都市住民の意識醸成がなければ、グリーン・ツーリズムの成功はありえない。このように、都市住民は農山村の自然の役割を認識し、これらの愛着を持つこと、そして最終的に都市、農山村という分け方ではなく、その両方がお互いにそれぞれを補完し合うことで一つの国土が形成されているという意識を持つことができるであろう。

5.（教育機関側）教育的な要素の取り組み

アンケート調査の結果から見れば、現在中国の観光専門の学生と一般学生は農村・農家楽に対するイメージ及び利用実態には、「農家楽を体験する際の希望条件」でしか差がない。現在の観光分野では、観光行動、観光資源、観光ビジネス、観光と情報、観光と交通、観光と行政・政策などありとあらゆる側面から、観光研究が行われている。観光学部・学科で育成する人材像としては将来の観光産業や観光によって地域振興のリーダーとなれる人材の育成を掲げている。中国の教育機関はこれから、観光専門の科目設定を時代の発展とともに慎重に改革し、グリーン・ツーリズムなどの新たな観光形態に関する授業や知識を十分に伝達することが求められる。

以上、中国のグリーン・ツーリズムを行政側、経営者側、利用者側及び教育機関側から総合的に考察してきたが、これからの課題はまだたくさん残されている。現在の中国では、グリーン・ツーリズムに関する研究は未だ未熟な段階に留まっている。グリーン・ツーリズム事業を展開する際にも、マーケティング調査や計画の作成は十分に実施されていないのは現状となっている。グリーン・ツーリズムの持続発展を促すため、グリーン・ツーリズム関係の専門家の育成や、研究の深化なども大きな課題となっている。このような現状に対し、上記の観点からの更なる研究の継続が中国におけるグリーン・ツーリズムの発展には不可欠といえるであろう。

付録

本書の内容の理解に役立つ主な法令など

付録1　新しい食料・農業・農村政策の方向①

Ⅰ　政策展開の考え方

・日本の農業・農村を取り巻く状況は自給率低下、農業就業人口の減少、耕作放棄地の増大、兼業化、高齢化、混住化などの面で大きく変化。

・効率性追求一辺倒への反省の気運が高まる中で、地球社会との共存を図りつつ、豊かさとゆとりを実感できる、持続的、安定的発展を目指す新たな経済社会の枠組みの模索。

・このような状況の下で、まず、食料の持つ意味、農業・農村の役割を明確に位置付け国民的コンセンサスを得ることが必要。

1. 食料政策

・豊かな食生活が実現する中で、食料自給率は低下し、先進国の中で異例に低い水準。国内農業の生産性の一層の向上など品質・コスト面での改善を推進することにより、可能な限り国内農業生産を維持・拡大し、食

① https://lin.alic.go.jp/alic/month/dome/1992/jun/topikusu.htm[2022-08-05]。変更あり。

料自給率の低下傾向に歯止めをかけていくことが基本。

・世界食料需給モデルによる試算によれば、世界の中長期的な食料需給は逼迫基調で推移するものと予想。

・現状の食生活を今後とも維持していくとすれば、日本の食料供給は、国内生産、輸入及び備蓄を適切に組み合わせていくことが必要。この場合、国内生産を縮小させる一方、経済力にまかせて食料輸入を拡大することに伴い生ずる問題の考慮も必要。

・日本の食料政策は、消費者の視点を重視し、新鮮、良質かつ安全な食料の適正な価格での国民への安定的供給を図るため、可能な限り効率的な生産を行い、内外価格差の縮小にも努めつつ、国際的な食料需給の観点も踏まえ、まず、自らの国土資源を有効に利用することが基本。

・農業の分野に国際分業論を単純に当てはめることは問題。

・農業生産を維持し、国内供給力を確保するためには、一定の国境措置と国内農業政策が必要。

2. 農業政策

・現在の農業経営は、より高い所得が得られる他産業への就業機会の増大、休日制、給料制など労働条件面での遅れ、農村地域での生活環境整備の立遅れなどの問題を抱えており、農業経営を担う者の確保が深刻な状況。

・農業を職業として選択し得る魅力とやりがいのあるものとするため、10年程度後の経営体像を提示。

・個人の意欲を重視し、経営感覚に優れた効率的・安定的な経営体を育成するため、自主性、創意・工夫の発揮と自己責任の確立に向けて、生産・流通段階において規制と保護のあり方を見直し、市場原理・競争条件の一層の導入を図る政策体系に転換。

・地域の意向を反映した形で、育成すべき経営体と土地利用のあり方を明確化し、こうした経営体の実現に向けて施策の集中化・重点化。その際、育成すべき経営体、土地持ち非農家、小規模な兼業農家、生きがい農業を行う高齢農家などの役割分担の明確化が重要。

・農業及び農業が営まれている農村地域は、適切な農業生産活動を通じて、国土・環境保全機能を維持増進。一方、生産性の向上を図りつつ環境への負荷の軽減に配慮した持続的な農業(「環境保全型農業」)を確立・推進することも必要。特に、洪水防止、水資源のかん養など水田の有する機能の適切な維持・増進に努めていく必要。

3. **農村地域政策**

・個性ある多様な地域社会を発展させ、農村と都市が相互に補完し合い、共生していくことにより、国土の均衡ある発展を目指すことが国土経営の基本。この場合、都市近郊地域、平地農業地域、中山間地域などそれぞれの地域が抱えている多様な問題に対応していくことが必要。

・国民共有の財産であるとともに、居住空間や余暇空間として、農村空間に対する国民的評価の高まり。

・地域農業の中心となる経営体を育成し、効率的・安定的な農業構造を作り上げ支えていくため、地域関係者の意向を踏まえて、土地利用区分を明確にしつつ、生産基盤と生活環境を一体として行う農村整備を推進。併せて、伝統・文化を育み、医療、福祉などを充実することが若者の定住を促進。

4. **国民的視点に立った政策展開**

・新鮮、良質かつ安全な食料を適正な価格で供給し得るよう国内供給力を維持強化。また、必要な食料の安定的輸入とその安全性の確保。

・消費者の視点に立った流通面での規制緩和、名称・表示の適正化。

・生活環境が整備され、美しい景観を有する伝統・文化の豊かな農村づくり。

・農林業活動を通じた国土・環境の保全により、国民共有の財産である地域資源と国土を良好な状態で後世代へ継承。

Ⅱ 政策の展開方向

1. 農業政策

(1)土地利用型農業の経営の展望

・農業を職業として選択し得る魅力あるものとするため、農業構造の見通しを踏まえ、他産業並みの労働時間で、生涯所得が他産業従事者と遜色ない水準とることを目標。この目標の実現に当たっては、地域の特性に応じて、複合経営の展開や経営の多角化、さらには他産業からの所得確保も考慮した対応をしていくことが必要。

・10年程度後の稲作を中心とした農業構造を展望すれば、個別経営体群(15万程度)と、大多数の稲作農家が関わりを有する組織経営体群(2万程度)が地域農業の基幹を担う経営体として稲作の8割程度を生産。

・10年程度後の生産の大宗を担う経営を展望すれば、効率的規模は個別経営体で10万～20万平方メートル程度、コスト水準(費用合計)は全農家平均の5～6割に低下。

(2)経営体の育成と農地の効率的な利用

経営感覚に優れた効率的・安定的な経営体が生産の大宗を担う農業構造が、それぞれの地域の創意・工夫を生かして実現されるよう、農地制度、土地改良制度などの見直しを含め以下の政策を推進。

①地域農業の再編

・集落段階を基礎とした地域の関係者の意向を反映した形で、育成すべき経営体及び土地利用のあり方の明確化を図り、これを段階的に進める仕組みを整備。この仕組みのもとで、生産基盤、近代化施設の整備などの施策を集中化・重点化。

・農用地区域の中で、育成すべき経営体が生産を行う区域を設けるとともに、農用地区域外に住宅などの土地利用のための区域を設け、土地の面的管理を適切に行う仕組みを整備。

②経営感覚に優れた経営体育成

・自主的かつ計画的に経営内容の改善を進めようとする経営体への支援の重点化。

・経営管理能力の向上、給料制、休日制の導入などに重点を置いた普及指導体制を整備。

・普及所の技術経営指導、農協の営農指導、農業委員会の土地利用調整などの関係機能を集積し、技術経営指導、情報提供などを総合的に行う仕組みを整備。

③経営形態の選択肢の拡大

・経営体質の強化の一方策として、家族農業経営、生産組織ともに、必要に応じ、また塾度の高いものから法人化を推進。

・労働力の周年消化、財務基盤の強化、幅広い人材活用が図られるよう、農業生産法人制度を整備。なお、株式会社一般に農地取得を認めることは不適当であるが、農業生産法人の一形態としては、農業・農村に及ぼす影響を見極めつつ更に検討を行う必要。

・法人化に向け、法人の設立・運営への指導・支援。

④新規就農の促進と支援措置

・OJT（日常業務を通じた実地訓練）の活用を含む研修教育、低利資金の融通、情報のネットワーク化による相談・斡旋などの体制整備。

⑤女性の役割の明確化

・女性の「個」としての地位の向上を図り、農業生産・農村活性化の担い手としての女性の能力発揮のための条件整備。

⑥農地及び農業用水の効率的利用と土地改良事業推進手法の整備

・効率的・安定的に農業経営を行う者に農地利用の集積を図るため、農地保有合理化促進事業の改善とその積極的な活用の推進。その際特に、農地の当面の引受け手がいない地域における農協、市町村の公益法人が行う農地の適切な利用・管理の推進。

⑦実質的な規模拡大及び農地の集団化につながる農作業受委託を推進

・関係農業者の合意形成の円滑化を図り、事業の実施を契機として農地利用の集積を図り得るよう土地改良事業の推進手法を整備。

・地域の農業構造の再編及び農業用水の利用形態の変化を踏まえた農業用水の確保・再編と農業水利施設の管理体制の強化。

(3)米の生産調整と管理

米については、安定的な国内供給の確保が重要であるとの考え方に立つとともに、経営感覚に優れた意欲ある経営体が育成されるような仕組みについて検討。(生産調整)

・米の需給調整は市場で形成される価格指標を基本として進められるべきであるが、依然として大きな潜在的需給ギャップの存在、米管理の現状からは需給調整の一環として生産調整が必要。

・現行の生産調整方式は、適地適作や生産者の規模拡大意欲の阻害などの面も否定し得ず、また、転作奨励金依存からの脱却も課題。

・将来的には、市場で形成される価格指標やコスト条件などを考慮し、経営体の主体的判断により行い得るような仕組みとする方向に向け、逐次、生産構造、米管理の改革など条件を整備。この場合、日本の稲作が集落段階を基礎として面的に展開されていることなどに留意。

・水田農業確立後期対策に代わる新たな対策は、近年の気象変動や生産力の実態などを踏まえた適切な需給とするとともに、行政の関与のもとでの生産者団体を核とした取組みなどを旨とし、転作営農を取り込んだ規模の大きな経営体の育成・助長などに特に配慮。

（管理）

・政府米、自主流通米を通じて需給と価格の安定を図るという政府の役割・機能を前提としつつ、市場原理、競争条件の一層の導入を進めることとし、公的関与のあり方を検討。当面、意欲的な経営体の育成と生産・流通の更なる活性化を図るため、産直ルートの拡充などによる販売方法の多様化、自主流通米の価格形成の場における上場数量の増加、地域区分別上場などを推進。

・さらに、米需給の動向、農業生産構造の展開方向などを踏まえ、より長期的方向での米管理のあり方についても研究。

(4)価格政策

・現状の農業構造のもとでの農産物価格の低下は、今後育成すべき経営体に大きな影響を及ぼす面がある一方、価格が需給調整機能を果たすようにしなければ、効率的・安定的な経営体が生産の大宗を占めるような形で農地の利用集積も進まず、また、将来的に現行の生産調整方式をできる限り経営者の裁量の余地が広がるような仕組みとしていくための条件整備に支障。

・今後の価格政策は、農業構造の変革によるコスト削減に努めながら、需給事情を反映させた価格水準としていく必要。その際、価格低下と育成すべき経営体の規模拡大などによるコスト削減にタイム・ラグが生じないように努める必要。

2. 農村地域政策

(1)農村地域の展望

・農村地域は、大規模土地利用型農業経営が展開し得る地域、立地条件に恵まれず、農林業生産のみならず、地域資源及び地域社会の維持が困難な地域、及びこれと重複した形で高付加価値型などの農業経営が展開する地域に分化。このような中で、農林業を始めとする産業活動の振興を図ることを基本とし、生活環境や景観を整備し、伝統・文化を育み、医療、福祉を充実。

(2)適正な土地利用の確保と農村の定住条件の整備

・地域農業の中心となる経営体と土地持ち非農家、小規模な兼業農家、生きがい農業を行う高齢農家などが相互に連携し、役割分担しながら分化。このような農業生産構造を支えていくためには、適正な土地利用を図るとともに、地域社会の活力と連帯を維持増進する観点から、地域住民の生活環境を整備する必要。このため、生産基盤と生活環境の一体的整備などを契機として、土地利用区分を明確化し、土地の面的管理を適正に行う仕組みを整備。この場合、地域の水資源などを活用した景観形成・保全にも配慮。

・地域全体の所得の維持確保を図るため、農村工業導入のほか、地域のリーダーシップを発揮できる人材の育成・確保、地域内発型の農林水産関連産業やグリーン・ツーリズムを振興。また、都市と農村の相互理解を深め連携を強化。

(3)中山間地域などに対する取組み

・中山間地域などにおいて、立地条件を生かした高付加価値型などの農業や有機農林業、農林産物加工業、観光などを振興。また、関係各省庁との連携協力のもとで、地方都市との道路アクセス条件の改善、生活環境の整備、伝統文化の育成、医療、福祉の充実など定住条件を整備。

・特に条件が不利で定住人口の確保などに努める必要がある地域については、農林地を一体的に経営・管理するための農協と森林組合の業務の相互乗入れや、農業と林業に係る事業を併せ行う新たな組織の設立のための仕組みを整備し、農林地などの地域資源の適切な利用・管理について積極的な取組みを推進。

3. 環境保全に資する農業政策

・「環境保全型農業」を確立・推進するため、施肥基準や病害虫防除要否の判断基準の見直し、産・学・官が連携した環境保全型農業技術に関する研究開発、地力の維持・増進と未利用有機物資源のリサイクル利用を推進。

・今後とも、適切な農林業活動を通じて農業・農村が有する国土・環境保全機能が維持増進されるよう、受益関係の明確化を行い得るような計量的評価手法を確立。併せて、その機能の適切な維持のあり方についての幅広い国民の理解を醸成。さらに、親水・修景機能や美しい景観に配慮した農村整備を推進。

4. 食品産業・消費者政策

・食品産業の健全な育成を図るため、産・官・学が一体となり先端的技術の研究開発を促進する仕組みの整備、国産農産物の特長を生かした新商品開発、農業者との事業提携や情報の交流とマーケティング活動に対する支援。また、食品流通の一層の合理化、効率化を図るため、卸売市場での多様な取引ルールの導入、物流システムの整備などを推進。

・国民が安心できる食生活をおくれるよう、食品の安全性についての検査体制の強化、農薬などの適正使用の徹底、有機農産物の表示の適正化などを推進。

5. 研究開発及び主要な関連政策

(1)研究開発

・バイオテクノロジーを応用した超多収・高品質品種や病害虫抵抗性品種の開発、センサー、コンピューターを活用した作業ロボットの開発など画期的な技術開発を推進。

・ゲノム解析、動植物が持っている多様な機能の解明など基礎的・先導的研究を充実・強化し、その基盤としての遺伝資源、研究情報などの研究基盤の整備と世界的な中核的研究機能の育成。

・中山間地域などの地域固有の条件に対応した農業技術の開発、生産現場における実用化などのため、総合的・体系的試験研究を推進。また、意欲と能力のある農業者などを結集しつつ、技術開発を進める仕組みを整備。

(2)国際協力

・途上国の栄養不足人口の増加、資源エネルギーの制約問題、地球的規模での環境問題の解決に向け、食料・農業・農村についての協力に関する国際的取組みの強化、国際協力推進体制の整備、分野別・地域別の基本方針の策定。

(3)団体・機関・組織など

・農協系統組織については、団体自らによる組織再編への取組みを進めるとともに、組合員資格を含め農協のあり方について検討。

・農業委員会系統組織については、法令業務を中心とした既存業務の見直しと、農地利用の集積促進などを図るための組織、業務の見直し。

・新たな政策の展開を図るための農林水産省の行政組織の見直し。

・補助、融資、税制、統計情報の収集・提供などについては、効率的・安定的な経営体の育成と農村地域の活性化などに資するよう、そのあり方の見直し。

付録2　農山漁村滞在型余暇活動のための基盤整備の促進に関する法律[①]

1. **制定・改正履歴**

1989年6月29日制定(議員立法)

2005年6月29日一部改正(閣法)

最終改正:2017年5月31日

2. **概要**

(1)目的

①ゆとりのある国民生活の確保と農山漁村地域の振興に寄与するため、農山漁村滞在型余暇活動のための基盤の整備を促進。

②農村滞在型余暇活動に資するための機能の整備を促進するための措置、農林漁業体験民宿業の登録制度を実施。

(2)農村滞在型余暇活動の定義

都市住民が余暇を利用して農村に滞在し行う農作業体験などの活動。

(3)都道府県基本方針の策定

都道府県は、良好な農村景観を形成している地域について、農村滞在型余暇活動のための機能の整備に関する基本方針を策定。

【基本方針で定める事項】

農村滞在型余暇活動機能整備に関する基本的事項、同整備地区の設定事項、土地利用事項、農作業体験施設などの整備事項。

---

① https://www.maff.go.jp/j/nousin/kouryu/nouhakusuishin/attach/pdf/yoka_law-2.pdf[2022-08-05].

(4)市町村計画の作成

市町村は、都道府県基本方針に基づき、農村滞在型余暇活動の機能の整備に関する市町村計画を作成することができる。

【計画で定める事項】

農村滞在型余暇活動機能整備地区の区域、機能整備方針、土地利用事項、農作業体験施設などの整備事項。

(5)土地の利用に関する協定の締結・農業振興地域の整備に関する法律の特例

農村滞在型余暇活動機能整備地区内の土地所有者は、農用地など農業資源の保健機能の増進を図るための土地利用協定を締結し、市町村長の認定を受けることができる。

この場合、農業振興地域の整備に関する法律の特例が適用。(農用地などの農用地区域への編入について、公告縦覧などの手続を不要。)

(6)国及び地方公共団体による支援措置

①国及び地方公共団体は、市町村長の認定を受けた計画に従って農業者及び農業者団体が農作業体験施設などを整備するのに必要な資金の確保又は融通の斡旋に努力。

②市町村計画の実施に必要な事業を行う者などに対する助言、指導その他の援助に努力。

③農業生産基盤の整備などに当たっては、市町村計画の達成に資するよう配慮。

(7)農林漁業体験民宿業者の登録

農林水産大臣の登録を受けた登録実施機関が、農林漁業体験民宿業者に係る登録業務を実施。

3. 農山漁村滞在型余暇活動の促進に向けた主な措置

○都道府県基本方針の主な内容

・基本的な事項

・整備地区の設定に関する事項

・農作業体験施設等の整備に関する事項

・農用地等の土地利用に関する事項 等

○市町村計画の内容

・整備地区の区域

・農作業体験施設等の整備に関する事項

（施設の種類、概ねの位置、規模など）

・農用地等の土地利用に関する事項 等

※市町村計画を策定した市町村に対して、「農山漁村活性化プロジェクト交付金」により施設整備等の支援を実施

4. 農林漁業体験民宿業者の登録の仕組み

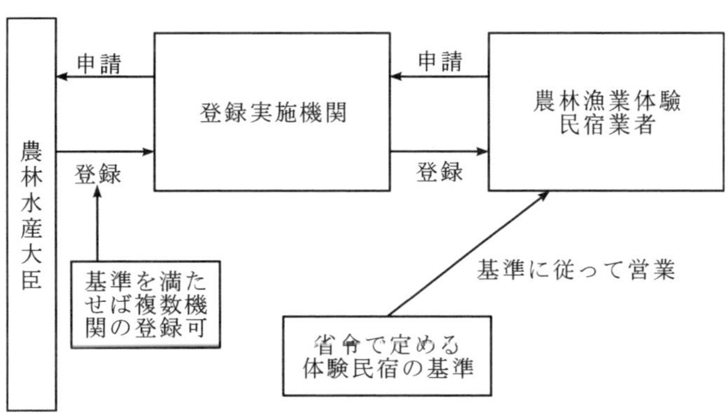

（省令で定める体験民宿の基準に規定する事項）

・提供する体験活動等に係る役務の内容に関すること

・利用者の生命又は身体について損害が生じた場合に備えてとるべき措置に関すること

・地域の農林漁業との調和の確保に関すること

参考文献

安部桂子,2013. 接客教育とホスピタリティ[M]//青木義英,神田孝治,吉田道代. ホスピタリティ入門. 東京:新曜社:120-125.

青木辰司,2004. グリーン・ツーリズム実践の社会学[M]. 東京:丸善.

石井英也,1977. 白馬村における民宿地域の形成[J]. 人文地理(1):1-25.

井上和衛,2002. ライフスタイルの変化とグリーン・ツーリズム[M]. 東京:筑波書房.

井上和衛,中村攻,山崎光博,1993. 日本型グリーン・ツーリズム[M]. 東京:都市文化社.

大江靖雄,2013. グリーン・ツーリズム:都市と農村の新たな関係に向けて[M]. 千葉:千葉日報社.

岡本伸之,2001. 観光学入門:ポスト・マス・ツーリズムの観光学[M]. 東京:有斐閣.

多方一成,2013. グリーンライフ・ツーリズムへの創造:ニューツーリズムと着地型ツーリズム[M]. 東京:芙蓉書房.

多方一成,田渕幸親,成沢広幸,2000. グリーン・ツーリズムの潮流[M]. 東京:東海大学出版会.

小槻文洋,原一樹,伊多波宗周,2012. 観光研究の主要概念:"Key Concepts in Tourist Studies"抄訳[J]. 神戸夙川学院大学観光文化学部紀要(3):2-56.

姜春雲,2005. 現代中国の農業政策[M]. 石敏俊,安玉発,周応恒,訳. 東京:家の光協会.

北川愛二郎,2017. インバウンドを見据えた農村振興の現状と課題:「農泊」で地域活性化へ[J]. 農村計画学会誌(2):165-168.

佐藤真弓,2010. 都市農村交流と学校教育[M]. 東京:農林統計出版.

浄法寺町活性化研究会,1999. 大学から浄法寺町への提言:中山間地の活性化戦術[M]. 那須:吉成印刷出版部.

鈴木忠義,2011. 都市と農山村の交流:世田谷川場縁組協定30周年記念[M]. 利根郡:世田谷川場ふるさと公社.

竹内秀一,2017. インハウント誘客に向けた農泊の推進について[J]. 国際農林業協力(2):9-15.

玉村和彦,1980. レジャー産業成長の構造[M]. 東京:文真堂.

内藤重之,2011. 市民農園の展開と都市・農村交流[M]//橋本卓爾,山田良治,藤田武弘,ほか. 都市と農村:交流から協働へ. 東京:日本経済評論社:113-129.

21ふるさと京都塾,1998.人と地域をいかすグリーン・ツーリズム[M]. 東京:学芸出版社.

農林水産省,2016. 子ども農山漁村交流プロジェクト[EB/OL]. [2022-07-31]. https://www.maff.go.jp/j/nousin/kouryu/kodomo/.

農林水産省,2020. 荒廃農地の現状と対策について[EB/OL]. [2022-08-08]. https://www. maff. go. jp/j/nousin/kouryu/nouhakusuishin/attach/pdf/nouhaku_top-33.pdf.

農林水産省,2022a. 地産地消の推進について[EB/OL]. [2022-08-08]. https://www.maff.go.jp/j/shokusan/gizyutu/tisan_tisyo/attach/pdf/index-20.pdf.

農林水産省,2022b. 農山漁村振興交付金(農山漁村発イノベーション等整備事業)[定住促進対策型、交流対策型]ガイドブック[EB/OL]. [2022-

08-08]. https://www.maff.go.jp/j/kasseika/k_seibi/attach/pdf/seibi-1.pdf.

農林水産省,2023. 農山漁村振興交付金の5農泊推進対策[EB/OL]. [2023-01-30]. https://www. maff. go. jp/j/nousin/kouryu/nouhakusuishin/attach/pdf/nouhaku_top-41.pdf.

農林水産省農村振興局,2011. グリーン・ツーリズムについて:第3回エコツーリズム推進方策検討会資料[EB/OL]. [2022-08-08]. https://www.env.go.jp/press/13801.html.

農林水産省農村振興局,2018. 農業農村振興施策について[EB/OL]. [2022-07-31]. https://www.soumu.go.jp/main_content/000569932.pdf.

農林水産省農村振興局都市農村交流課,2021. 農泊をめぐる状況について[EB/OL]. [2022-08-08]. https://www.maff.go.jp/j/nousin/kouryu/nouhakusuishin/attach/pdf/nouhaku_top-33.pdf.

原田順子,十代田朗,2011. 観光の新しい潮流と地域[M]. 東京:放送大学教育振興会.

藤稿亜矢子,2018. サステナブルツーリズム:地球の持続可能性の視点から[M]. 東京:晃洋書房.

藤田武弘,2011. 日本型グリーン・ツーリズムと都市・農村連携[M]//橋本卓爾,山田良治,藤田武弘,ほか. 都市と農村:交流から協働へ. 東京:日本経済評論社:40-57.

藤田武弘,2012. グリーン・ツーリズムによる地域農業・農村再生の可能性[J]. 農業市場研究(3):24-36.

藤田武弘,楊丹妮,2011. 中国の「新農村建設」とグリーン・ツーリズム[M]//橋本卓爾,山田良治,藤田武弘,ほか. 都市と農村:交流から協働へ. 東京:日本経済評論社:253-266.

フンク K,2016. ドイツと日本における観光行動の比較とその組織的背景[J]. 日本観光学会第73回全国大会報告要旨:32-33.

方琳,山本信次,山本清龍,ほか,2015. 中国における三農問題解決のための農家楽の可能性と課題:浙江省杭州市桐廬県を事例とする質的調査から[J]. 日本森林学会誌(2):115-122.

松村嘉久,2009. 観光大国への道のり[M]//辻美代,金澤孝彰,許海珠. 中国の改革開放30年の明暗:とける国境、ゆらぐ国内. 京都:世界思想社:30-43.

宮崎猛,2002. これからのグリーン・ツーリズム:ヨーロッパ型から東アジア型へ[M]. 東京:家の光協会.

宮崎猛,2011. 農村コミュニティビジネスとグリーン・ツーリズム[M]. 京都:昭和堂.

安村克己,2001. 社会学で読み解く 観光 新時代をつくる社会現象[M]. 東京:学文社.

山崎光博,小山善彦,大島順子,1993. グリーン・ツーリズム[M]. 東京:家の光協会.

山村再生研究会,2015. 山村再生ビジネスとマーケティング[M]. 東京:日本林業調査会.

楊丹妮,顧海英,俞菊生,ほか,2008. 中国都市部におけるグリーン・ツーリズムの進展と観光農業の展開[J]. 農業市場研究(1):99-104.

吉田春生,2003. エコツーリズムとマス・ツーリズム:現代観光の実像と課題[M]. 東京:大明堂.

本书编委会,2011. 休闲农业与乡村旅游发展工作手册[M]. 2版. 北京:中国建筑工业出版社.

陈蕾,2004. 浅析农家乐的兴亡与发展[J]. 四川经济管理学院学报(3):10-20.

陈锡文,2014. 2014年中国乡村旅游游客数量达到12亿人次 占全部游客数量的30%[EB/OL]. [2022-07-31]. http://www.199it.com/archives/327501.html.

程道品,李丰生,吴郭泉,等,2003. 乡村两村有理论研究与实践:阳朔乡村旅游个案研究[M]//保继刚,刘德龄,钟新民. 展中国家旅游规划与管理. 北京:中国旅游出版社:190-201.

丁杰,郇宜秀,苑鑫,2020. 农家乐经营管理[M]. 北京:旅游教育出版社.

杜润生,2005. 杜润生自述:中国农村体制变革重大决策纪实[M]. 北京:人民出版社.

杜江,向萍,1999. 关于乡村旅游可持续发展的思考[J]. 旅游学刊(1):15-18,73.

耿虹,李彦群,范在予,2019. 农家乐发展的地域空间格局及其影响因素:基于浙江、湖北、四川的比较研究[J]. 经济地理(11):183-193.

顾鸿雁,2020. 日本乡村振兴转型的新模式"地域循环共生圈"的实践与启示[J]. 现代日本经济(6):48-59.

郭笑然,周李,虞虎,等,2020. 日本乡村振兴政策演变及其效果分析[J]. 世界地理研究(5):905-916.

何景明,李立华,2002. 关于"乡村旅游"概念的探讨[J]. 西南师范大学学报(人文社会科学版)(5):125-128.

候元凯,刘庆雨,2012. 休闲农业怎么做:资源与构建[M]. 北京:中国农业出版社.

胡卫华,王庆,2002. "农家乐"旅游的现状与开发方向[J]. 桂林旅游高等专科学校学报(3):79-83.

黄成臻,邱涛,2021. 农家乐可持续发展研究[J]. 合作经济与科技(11):27-29.

黄海力,2018. "农家乐"的品牌管理与网络推广模式研究[M]. 北京:中国商业出版社.

焦雷,李晓东,2016. 日本"农家乐"旅游对中国农业旅游发展的启示[J]. 世界农业(8):219-223.

金颖若,周玲强,2011. 东西部比较视野下的乡村旅游发展研究[M]. 北京:中国社会科学出版社.

金玉实,高洁,潘永涛,2020. 日本农泊旅游的开展及其农旅共生机理[J]. 世界农业(3):36-43,71.

李静宇,林立波,2020. 欧洲乡村旅游对中国乡村旅游发展的启示[J]. 北方园艺(8):147-152.

李鹏,王秀红,2011. 乡村旅游经营者多维目标研究[M]. 北京:科学出版社.

李银兰,2019. 欧洲乡村旅游发展经验对提升我国乡村旅游的启示[J]. 武汉轻工大学学报(3):83-87.

刘德谦,2006. 关于乡村旅游、农业旅游与民俗旅游的几点辨析[J]. 旅游学刊(3):12-19.

刘娜,胡华,2001. 成都市郫县友爱农家乐现状剖析与发展思路[J]. 国土经济(1):43-44.

刘伟,丁赞忠,成升魁,1998. 以色列乡村旅游发展迅速[J]. 世界农业(7):12-13.

廖日红,魏渺,2020. 乡村振兴战略背景下农家乐旅游规划设计方法[J]. 林业调查规划(6):125-128.

雷鸣,潘勇辉,2010. 日本乡村旅游的运行机制及其启示[J]. 中国乡镇企业(8):88-90.

乐绍延,许缘,2015. 日本欲借"故乡税"振兴偏远乡镇[N]. 经济参考报,2015-08-03(4).

骆高远,2009. 观光农业与乡村旅游[M]. 杭州:浙江大学出版社.

茅忠明,2014. 新农村建设的实践与思考:以浙江省建设"中国美丽乡村"为例[J]. 经济研究导刊(7):41-43.

任虹,2004. 昆明乡村发展旅游的思考[J]. 昆明冶金高等专科学校学报(2):93-96.

史玉丁，于浩淼，2017. 可持续生计视阈下日本乡村旅游运作逻辑及其启示[J]. 世界农业(6)：191-196.

田喜洲，2002. 论“农家乐”旅游经济[J]. 农村经济(11)：61-62.

王萍，2019. 生态环境保护视域下农家乐旅游发展新路径[J]. 农业经济(3)：24-26.

王文燕，2021. 农家乐旅游服务质量研究[J]. 农业开发与装备(3)：84-85

吴旭，2015. 作为城市消费空间的山村农家乐[J]. 华东师范大学学报(哲学社会科学版)(6)：47-52，165.

肖佑兴，明庆忠，2001. 关于开展云南乡村旅游的思考[J]. 桂林旅游高等专科学校学报(1)：33-35.

肖佑兴，明庆忠，李松志，2001. 论乡村旅游的概念和类型[J]. 旅游科学(3)：8-10.

杨桂华，王秀红，2006. 农家乐经营手册[M]. 北京：中国旅游出版社.

杨建翠，2004. 成都近郊乡村旅游深层次开发研究[J]. 农村经济(5)：33-34.

杨学儒，2022. 广东农家乐创业的理论与政策研究[M]. 北京：中国农业出版社.

姚素英，1997. 浅谈乡村旅游[J]. 北京第二外国语学院学报(3)：42-46.

余瑞林，陈慧媛，陈广平，等，2018. 湖北省乡村旅游地空间分布及其影响因素：以高星级农家乐为例[J]. 经济地理(6)：210-217.

张建国，俞益武，蔡碧凡，等，2009. 浙江“农家乐”旅游开发的动力机制与实现途径[J]. 商业研究(5)：169-174.

张俐俐，2003. 我国旅游管理体制改革的历程[J]. 社会科学家(2)：82-90.

张利民，2003. 乡村旅游开发刍议[J]. 商业研究(12)：172-173，181.

赵宏伟，黄秀娟，2020. 休闲农业供应链的理论思考[J]. 福建论坛(人文社会科学版)(2)：45-54.

赵宪军，赵邦宏，张润清，2011. 休闲农业为何这么“热”[M]. 北京：中国农业出版社.

郑健雄,2004. 旅游吸引力与乡村旅游[C]//休闲农业与乡村旅游发展:第二届“海峡两岸休闲农业与观光旅游学术研讨会”论文集. 北京:中国矿业大学出版社:38-46.

郑莹,何艳琳,2018. 乡村旅游开发与设计[M]. 北京:化学工业出版社.

中国旅游协会旅游城市分会,2011. 现代农家乐实务手册[M]. 北京:中国旅游出版社.

周玲强,黄祖辉,2004. 我国乡村旅游可持续发展问题与对策研究[J]. 经济地理(4):572-576.

朱姝,2009. 中国乡村旅游发展研究[M]. 北京:中国经济出版社.

ADLER J, 1989. Origins of sightseeing[J]. Annals of tourism research(1): 7-29.

BATTA R N, 2009. Green tourism certification manual[M]. Tokyo: Asian Productivity Organization.

BEBBINGTON A, NEIL J S, PAUL B B, 1994. Tourism strategies and rural development[R]. Organisation for Economic Co-operation and Development.

CHE D, 2007. Agritourism and its potential contribution to the agricultural economy[J]. CAB reviews: perspectives in agriculture, veterinary science, nutrition and natural resources(63):7-71.

DODDS R, JOPPE M, 2001. Promoting urban green tourism: the development of the other map of Toronto[J]. Journal of vacation marketing(3):261-267.

FURQAN A, MAT SOM A P, HUSSIN R, 2010. Promoting green tourism for future sustainability [J]. Theoretical and empirical reaserches in urban mangement(17):64-74.

GARDETTI M A, TORRES L, 2015. Sustainability in hospitality [M]. Saltaire: Greenleaf publishing.

GIL ARROYO C, BARBIERI C, ROZIER RICH S, 2013. Defining agritourism: a comparative study of stakeholders' perceptions in Missouri and North Carolina [J]. Tourism management(37):39-47.

GILBERT D, TUNG L, 1990. Public organizations and rural marketing planning in England and Wales[J]. Tourism management(2):164-172.

INSKEEP E, 1987. Environmental planning for tourism[J]. Annals of tourism research(1):118-135.

JANSEN-VERBEKE M, NIJMEGAN K, 1990. The potentials of rural tourism and agritourism[J]. Problemy turystki(1/2):35-47.

JUNGK R, 1980. Wieviel touristen pro hektar strand?[J]. GEO(10):154-156.

KNIGHT J, 1996. Competing hospitalities in Japanese rural tourism [J]. Annals of tourism research(1):165-180.

KRIPPENDORF J, 1982. Towards new tourism policies: the importance of environment and socialculture factors[J]. Toursim management(3):135-148.

LANE B, 1994. What is rural tourism[J]. Journal of sustainable tourism(2): 7-21.

LANE B, BRAMWELL B, 1994. Rural tourism and sustainable rural development[M]. Clevedon:Channel View Publications.

MELER M, HAM M, 2012. Green marketing for green tourism[C]//Biennial International Congress. Tourism & hospitality industry. Switzerland: New Trends in Tourism & Hospitality Management:130-139.

POLONSKY M J, ROSENBERGER P J, 2001. Re-evaluating green marketing:a strategic approach[J]. Business horizons(5):21-30.

REDDY M V, WILKES K, 2015. Tourism in the green economy[M]. London: Routledge.

REICHEL A, LOWENGART O, MILMAN A, 2000. Rural tourism in Israel:

service quality and orientation[J]. Tourism management(5):451-459.

ROCHLITZ K H, 1998. Sanfter tourismus im alpenraum [J]. Geographische rundschau(6):14-19.

SERAPHIN H, NOLAN E, 2018. Green events and green tourism: an international guide to good practice[M]. London:Routledge.

SHARPLEY R, KATO K, 2020. Tourism development in Japan: themes, issues and challenges[M]. London:Routledge.

SINCLAIR M T, 1998. Tourism and economic development: a survey[J]. The jorrnal of development studies(5):1-51.

SONNINO R, 2004. For a "piece of bread"? Interpreting sustainable development through agritourism in southern tuscany [J]. Sociologia ruralis(3):285-300.

VIGNATI F, HAWKINS D, PRIEDEAUX B, 2016. Sustainable tourism: driving green investment and shared prosperity in developing countries[M]. North Charleston:CreateSpace Independent Publishing Platform.

後書き

本書を進めるにあたり、多くの方々にお世話になりました。ここに深く感謝の意を表します。

グリーン・ツーリズムに関する研究活動全般にわたり格別なるご指導とご鞭撻を賜りました博士課程の指導教員である山本信次教授に甚大なる謝意を表します。山本先生には、岩手大学大学院連合農学研究科博士課程に在学中の3年間、研究において多くの知見や助言をくださり、大変感謝しております。私は、自分が博士課程終了後も研究者として歩む選択を考えている際に、誰よりも応援してくださった先生の姿を一生忘れられないです。

本書の中心内容において、貴重なご教示を賜りました東京大学農学部の山本清龍准教授、弘前大学農学生命科学部の藤崎浩幸教授、北海学園大学経済学部の早尻正宏教授、岩手大学大学院連合農学研究科の比屋根哲教授に心より感謝申し上げます。先生方のご助言により、本書の完成度が高まりました。誠にありがとうございました。

博士課程前期から多くのご支援とご指導を賜りました岩手大学教育学部の大野眞男教授、藪敏裕教授には深く感謝しております。また、博士課程後期進学以前から現在にわたり、研究においても生活においてもいつも温かく励ましてくださいました岩手大学農学部の安嬰先生には深甚の謝意を申し上げます。

岩手大学農学部地域資源管理学研究室では、研究ゼミなどを通じて議論し合い、有意義な時間を過ごしたことが大きな研究蓄積の糧となりました。研究について度々助言を与えてくれた大沼織江氏、いつも明るく支えてくれた設楽みさき氏、学生生活での様々な活動で多くの喜びを共有してきた佐藤恵利氏、細田浩貴氏、緑川知至氏、小笠原碧氏、佐藤侑氏、太刀川晴之氏には、大変お世話になりました。共に過ごした日々が有意義であったこと、将来語り合うことを楽しみにしております。ありがとうございました。

加えて、浙江省文化と観光庁の標準化部門の程鋼主任、浙江省文化と観光発展研究院の毛水根元院長、浙江省文化と観光発展研究院の王相華副院長、葉楽安副院長をはじめ、研究院の皆様には、本書の執筆にあたりのご助言・ご激励をいただきました。本当にありがとうございました。

また、本書に関する研究を進めるにあたり、ご支援・ご協力をいただきながら、ここにお名前を記すことができなかった多くの方々に心より感謝申し上げます。

最後になりますが、これまで私を温かく見守り続けてくれた両親に深く感謝します。そして、長い期間、研究に専念できるように日々応援してくれた夫Jón Rafn Oddsson、愛娘Zoé Fang Jónsdóttirにも深く感謝します。

方　琳

2022年8月